子どもの遊びを考える

「いいこと思いついた！」から見えてくること

佐伯胖 編著

The meaning of children's play:
When a child joyfully exclaimed,
"I've got an idea!"

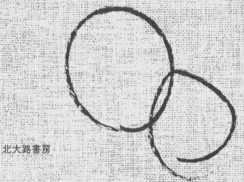

北大路書房

はしがき

本書の成り立ちについて、本当のことを言っちゃっていいのかと、とまどってしまいました。それは、本書の中心になっているのが、一人の学生（当時、田園調布学園大学大学院人間学研究科子ども人間学専攻修士課程二年だった矢野勇樹さん）の修士論文だということです。修士論文が出版されるなどということは、まさに前例のないことでしょう。

でも、ともかくおもしろい！「おもしろい」というのは、愉快だとか楽しくなるというような意味でなく、いままで語られていなかったことが新たに「明るみに出された」ということ、しかも、「それは本当だ」と認めざるを得ないということで、そのことを言い表すのに、「おもしろい」以外の言葉がないのです。

ただ、修士論文をまるごと一冊の本にするというのは、「前例がない」だけでなく、その「おもしろさ」が十分に伝わらないのではないかとも思いました。つまり、その「おもしろさ」を、批判も含めた「別の視点」から捉え直すことも必要だと思い、本人とは別領域の方にも読んでいただき、ご意見を寄せていただくことにしました。それで、「一修士論文を本にした」というより、「ある一つの修士論文が提起したことをめぐって、多様な専門領域からの論評、ないしは補足的論考をまとめて一冊の本にする」ということなら、なんとか世の中に通用するのではないかと考えた次第です。

矢野さんの修士論文執筆の経緯は、ご多分に洩れず、「紆余曲折」でした。ともかく、「遊び」についての論文を書くことだけは決まっていましたが、毎週の論文指導の度に、問題にする論点がくるくる変わり、「焦点が定まらない」ことが続きました。ただ、矢野さんは「勉強家」で、私の知らない新しい論文や著書をみつけてきては「こんなことが論じられている」と教えてくれる。指導しているはずの指導教員が「指導されている」始末。そういうなかで、「中動態」という動詞の態（voice）が何か重要そうだということで、「中動態」に関する著書や論文を読みあさるようになりました。ただ、さまざまな論考が次々と展開されていくけれど、「話のスジ」が見えない。

そんなとき、矢野さんが〝子どもがふと「いいこと思いついた！」と言うことがあるけど、あれって、何でしょうね〟と何気に言いました。それを聞いた途端、まさに「あっ、それだ！」と直観しました。どう言ったかは忘れましたが、それこそまさに「いいこと思いついた」と直観したのです。「そのことを正面に据えた論文にする」ということで、論文のスジがすっきりと見えてきたのです。「いいこと思いつく」がまさに生きてできたのが矢野論文です。やっぱり、「おもしろい」ですね。

矢野論文を「もり立てる」（おもしろく展開する）ために、久保健太さん、岩田恵子さん、関山隆一さんに、それぞれの立場からの論を語ってもらいました。一層「おもしろく」なったと思います。

二〇二三年五月

編著者　佐伯　胖

子どもの遊びを考える——「いいこと思いついた！」から見えてくること

目次

目　次

第Ⅰ部　「いいこと思いついた！」の理論的背景

第Ⅰ部　概　要

第Ⅰ部は、子どもが遊びのなかで突然「いいこと思いついた」と言って何か「おもしろいこと」に取り組み出すということの、おもしろさと意味深さに気づいた矢野勇樹さんの修士論文をベースにして、子どもの「いいこと思いついた」をめぐってのさまざまな理論を、現場の保育実践者にもわかるよう、丁寧に語り起こしたものです。当人の修士論文の執筆過程に付き合ってきた（名目上の）「指導教員」の佐伯から言わせてもらうと、この第Ⅰ部での矢野さんの「語り」は、彼の修士論文の語りとは「全く」と言っていいほど「別物」です。修士論文をベースにそれを「補足・修正した」というものではありません。本書の「読者」（保育実践者や従来の保育理論を周知している保育研究者など）をしっかり見据えて、彼ら／彼女らに「語りかける」という姿勢で、まっさらなところから語り起こした論考です。

そういうわけで、この「概要」で各章のおよその要旨を解説するということは、まさに「余計なお世話」となりますので、それは致しません。むしろ、矢野さんの、読者と「歩調を合わせて」語り起こしていくという「語り口」を味わい、楽しんでいただきたい。

というのは、矢野さんが、各章の出だしに、これまでの議論展開の簡単な振り返りと、当面の章ではどういうことを検討するかの「予告編」（時には、およその結論の先取り）を語っていることに注目していただきたい、ということです。

それは、一気に読み流すのではなく、ところどころで立ち止まり、「ここまでは、わかった」「そうそう、次はそのことを知りたいよな」と、あいの手を入れながら読み進めていくということです。そうすると、当初は「なんだか聞いたことがない、難しそうな」概念や用語が、相互に結びついてきて、カンケイナイと思っていたことがカンケイアリ、というより、それらが「Because-Therefore（なぜならば—それ故に）」の編み目でしっかり結び合わさっていることが「見えてくる」のです。

これはまさに、読者が「いいこと思いつく」ということの実体験となります。思いつく「いいこと」が、突然目の前に広がって「見えてくる」のです。

そういう「おもしろいこと」（今はなんだかわからないけど）がわかるかもしれないと、わくわくしながら、読み進めていただきたい。

第1章　「自発的な活動」と見なされている遊び

矢野勇樹

1　「自発的な活動」と見なされている遊び

現在、保育、学童保育、放課後の子どもたちの居場所づくり活動など、主に子どもにかかわる現場において、「遊び」とは子どもにとって、発達的に重要であり、子ども期に特有の権利として尊重しなければならないものだと考えられており、その重要性については論をまたないと言えるでしょう。このように、遊びは、子どもにとって必要不可欠である、ということに異論を唱えることは難しいと言えます。

ところで、その「遊び」とは、一体どのような営みであるとされているのでしょうか。

まず、保育、幼児教育の分野をみると、二〇一八年公表の「保育所保育指針解説」および「幼稚園教育要領解説」において、遊びとは、子どもが自発的にすること、つまり「自発的な活動」と見なされています。また、河邉（二〇〇五）[*1]、小西・川田（二〇一九）[*2]など、保育研究者による保育における遊びを論じた書籍においても、同様に「遊びは自発的な活動」であるとされています。学童保育の分野においては、楠ら（二〇一七）[*3]によると、「子どもが子どもである時間」を取り戻すことが必要であり、大人の役割として子どもたちに保障するべき時間として「遊ぶ時間」を、「決して外から教え込むこと、活動を与えることではなく、子どもたちが主体的に選び取った活動を通して自らの潜在的な力や可能性を開花、展開させていくプロセス」であるとされています。そして、主に十八歳以下の子どもたちを対象とした放課後の居場所である冒険遊び場の分野においては、天野（二〇〇二）[*4]によると、遊びとは、「本人の自発的行為」とされています。

このように、遊びがその活動における重要な位置を占めるこれらの場所において、遊びとは、誰かに教えられたり、強制されるといったことではなく、「自発的」な営みである、という点が強調されています。

では、そもそも「自発的」とはどういう意味でしょうか。一般的には「自発的」であるとは、「自ら進んでするさま」を意味するとされています。さらに意味内容への理解を深めるために、その遊びを通じて身につけることが目指される「自発性」を辞書で紐解いてみると、以下のように説明されています。

他からの教示や影響によるのでなく、内部の原因・力によって思考・行為がなされること。[*5]

遊びとは、他者からの命令や強制によるものではなく、子ども本人が自ら進んで行うことだということは、当たり前だと言えるでしょう。なぜなら、誰かに命令されて「やりなさい」と言われ、「はい、わかりました」と、「やる」ことを、私たちは遊びと見なすことはできないからです。その意味で、「遊びは自発的な活動である」と言われると、確かにその通りだと思えてきます。

2　「いいこと思いついた」が示す遊び概念の矛盾

しかし、「遊びは自発的な活動である」とは一概に言い切れない、本当に遊びとは自発的な活動としか言えないものなのか、と疑問を感じざるを得ない状況があります。それは、子どもが「遊んで

＊1　河邉貴子『遊びを中心とした保育——保育記録から読み解く「援助」と「展開」』萌文書林、二〇〇五年。
＊2　小西祐馬・川田学（編）『遊び・育ち・経験——子どもの世界を守る（子どもの貧困2）』明石書店、二〇一九年。
＊3　楠凡之・岡花祈一郎・学童保育協会（編）『遊びをつくる、生活をつくる——学童保育にできること』かもがわ出版、二〇一七年。
＊4　天野秀昭『子どもはおとなの育ての親（ゆじょんとブックレットシリーズ3）』ゆじょんと、二〇〇二年。
＊5　新村出（編）『広辞苑（第7版）』岩波書店、二〇一八年。

いる」最中に、「いいことを思いつく」という状況です。読者のみなさんにも心当たりがないでしょうか。「あ、いいこと思いついた！」というあの瞬間。おもしろい何かがひらめいて、次の瞬間にはそれを実行したくなってしまっている、あの瞬間のことです。「いいこと思いついた！」「いいこと考えた！」という一言を発する瞬間とは、まさに子どもたちが「遊んでいる」瞬間を象徴する場面と言えるでしょう。

では、遊びが自発的な活動であるなら、この「いいこと思いつく」ということ自体も自発的な活動なのでしょうか。確かに、いいこと思いつくのは誰か、というと他ならぬ私であり、誰かに命令されて、強制されて思いつくのではありません。しかし、だからといって、「いいこと思いつく」ことは、自発的な活動とは言えないのです。なぜなら、「いいこと思いつく」こと自体は、私の意志や努力、欲求によって、実現できないからです。どんなに強く願い努力をしても、思いつけない時は、思いつけません。ふとした瞬間に、気がついたら降って湧いてくるように、それは訪れます。つまり、「いいこと思いつく」とは、「自ら進んで行うこと」が決してできないことなのです。

ここに矛盾が生じています。「いいこと思いついた」という出来事は、子どもが「遊んでいる」という事実を象徴する出来事であることに異論はないでしょう。それにもかかわらず、それを私たちは自発的な活動とは言えないのです。

もし、遊びとは自発的な活動としか言えないのであれば、「いいこと思いつく」状況は、子どもにとっては、遊んでいることの最も象徴的な瞬間であるにもかかわらず、私たち大人にとっては遊びとは言えなくなってしまいます。しかし、遊びという現象を自発的な活動という見方だけではなく、別の見方でも捉えることができるならば、そしてその捉え方が「いいこと思いつく」という状況をも矛盾なく受け入れる見方であるなら、この矛盾が解消できます。つまり、「遊びは自発的な活動である」という命題では、もれてしまっている、すくいとれていない現象が「いいこと思いつく」であり、そこに課題があると言えるのではないでしょうか。「いいこと思いつく」あの瞬間、おもしろさが花開くあの瞬間を遊びとは言えないなんておかしいのです。そのおかしさを考え、この不十分と言える遊びの捉え方の新たな展望を拓くのが本稿の目的です。

3　手がかりとしての「中間的な意味」の研究

そこで本稿が手掛かりとするのが、遊びに関する「中間的な意味」の研究です。[*6] 遊びとはいったいどのような営みなのか、この問いに対して、ガダマー（Gadamer, H. G.）や、西村清和、横井紘子による遊びの「中間的な意味」に着目する研究は、自発的な活動とは異なる見方を提示しています。

ガダマーは、遊ぶことの根源的な意味を「中間的な意味」として、以下のように説明しています

（傍線は、筆者による）。

＊6　「中間的な意味」に関しては、本書第4章で詳しく検討する。

遊びのありようはしたがって、遊ぶという意識的な態度をしている主体があって、その結果遊びが行われるというようなものではない。むしろ遊ぶということのもっとも根源的な意味は中間的な意味である。（…中略…）言語的には、遊びの本来の主体は、明らかに他のさまざまな実行行為のひとつとして遊びという行為をもしている者の主体性ではなく、遊びそのものなのである。われわれは遊びのような現象を主体性とそれがとる態度に関係づけるのに慣れ、その結果言語の本性によるこのような暗示に対して目を閉ざしてしまっているのである。*7

また西村は、ガダマーの考察を受けて、「中間的な意味」としての遊びを、次のように捉えています（傍線は、筆者による）。

遊びとは、ある特定の活動であるよりも、ひとつの関係であり、この関係に立つものの、ある独特のありかた、存在様態であり、存在状況である。それは、ものとわたしのあいだで、いずれが主体とも客体ともわかちがたく、つかずはなれずゆきつもどりつする遊動のパトス的関係である。いまわれわれは、この独特の存在関係を、とくに「遊戯関係」と呼ぼうと思う。*8

両者は共通して、遊びを「自発的」とは言えない現象として位置づけています。ガダマーによれば、「中間的な意味」としての遊びは、「意識的な態度をしている主体」によるものではない、と述べられ、西村によれば、そもそも主体を所与の前提とする特定の活動ではなく、「独特の存在関係」

のことを指すとされています。

管見の限りでは、この「中間的な意味」に着目した遊びに関する研究は数少ないです。横井（二〇〇八）[*9]は、この「中間的な意味」を遊びの根源的な意味として取り上げ、保育園における遊びの事例検討を行っていますが、「中間的な意味」の理論的な探求が行われているとは言えません。

確かに、「自発的な活動」とは異なる視点からの遊び研究は存在しますが、その意味内容についてはまだ考察の余地があります。ガダマーによれば、「遊びの本来の主体」は、「遊びそのもの」であり、西村によれば、「独特の存在関係」だとされています。しかし、それが自発的な活動という捉えとどのような点で異なるのか、なぜそのような相違が生まれるのか、といった点は明らかにされていません。したがって、「中間的な意味」に関する研究を一つの手掛かりとしたうえで、さらにその考察を深めることが、自発的な活動としての遊びとは異なる見方を明らかにしようと試みる本稿の主題となります。

＊7　Hans-Georg Gadamer (1975). *Wahrheit und Methode: Grundzüge einer philosophischen Hermeneutik*. Mohr Siebeck.（轡田收・麻生建・三島憲一ほか（訳）『真理と方法Ⅰ』法政大学出版局、一九八六年、一四八－一四九頁。）

＊8　西村清和『遊びの現象学』勁草書房、一九八九年、三一－三二頁。

＊9　横井紘子「『遊び』の充実を志向する保育者のありよう――現象学的視座から『遊び』援助の内実を探る」『人間文化創成科学論叢』第一一巻、二〇〇八年、二四七－二五七頁。

4　中動態研究との関係性

考察を深めると述べましたが、それを本稿では、いわゆる「遊び研究」の外側の研究成果を用いて行っていきます。國分功一郎や森田亜紀による「中動態」というインド＝ヨーロッパ言語の文法の態を思考の枠組みに用いた一連の研究です。[*10] ここでいう中動態研究とは、中動態という文法の態を言語的な範疇にとどまらず、思考の枠組みとして用いることで、「能動―受動」「主体―客体」などの二項対立図式、また、行為と意図の前後関係、主体の自明性などを、その前提から問い直そうとする試みです。

具体的に、國分（二〇一七）[*11]は、本稿で主題として取り上げている自発的な活動という概念自体を哲学的に考察しています。自発的な活動とはそもそも事実として存在しているのか、その前提とは何かを問い直そうと試みています。

さらに、森田（二〇一三）[*12]は、中動態の言語学的特徴を参照しながら、「自己同一的な項を前提としない」という中動態の特徴を抽出し、それを思考の枠組みとして用いながら、芸術行為のありようを分析しています。その際、「芸術体験を体験の内側から語ろうとする時、ひとはしばしば中動態を用いる」[*13]と述べ、その例として、ガダマーが遊びの「中間的な意味」を取り上げたことに言及しています。

　このように、國分や森田による中動態研究は、自発的な活動と呼ばれる営みを問い直すという方向性を共有し、さらに、ガダマー、西村の論じた中間的な意味についての研究との接続を見出すことも可能だと言えるでしょう。そのため、遊びという営みを自発的な活動とは異なる角度から考察するうえで、中動態研究を参照することは非常に有益だと考えられます。

　さて、このように本稿では遊び概念を「自発的な活動」とは異なる見方で捉えていくことを主題としていきますが、直接その主題にアプローチする前に、遊びが自発的であると考えられてきた意味をもう少し解きほぐしていきたいと考えます。遊びとは「自発的」な活動である、という命題はどのような文脈や状況と関係しているのか、そのことについて検討を深めることで、遊びが自発的と言わざるを得ない必然性を明らかにしていくことが次章の目的になります。

＊10　「中動態研究」については、本書第４章で詳しく検討する。
＊11　國分功一郎『中動態の世界――意志と責任の考古学』医学書院、二〇一七年。
＊12　森田亜紀『芸術の中動態――受容／制作の基層』萌書房、二〇一三年。
＊13　同前書、六〇頁。

第2章　「個人化」という力学

矢野勇樹

前章では、「いいこと思いついた」という現象を考える時、遊びを自発的な活動と見なすことへの疑問が浮かび上がってくることを指摘しました。遊ぶ子どもの側からすると、「いいこと思いついた」は、自発的とは言えません。それにもかかわらず、その遊びを外から見ている大人の側からは、遊びは自発的な活動であると見なされているのです。

私たち大人は自発的な活動とは言えない遊びを、自発的な活動と呼んでいる。そして、それは当たり前のこととされている。それはなぜなのか、を考えるのが本章のテーマです。遊びを自発的な活動と見なすということが、ある文脈においては、そう結論するしかない、妥当な結論だというそのロジックを明らかにし、そのうえで、批判的な考察を加え、そのロジックが自明の事実ではなく、ある特殊な前提のもとに、成り立つロジックであることを明らかにします。そのために以下では、子どもの遊びにかかわる大人たち、ここでは幼児教育・保育の分野、また冒険遊び場づくりの分野の大人たちの言説を分析し、考察を加えていきます。

1　「能力育成」と関係づけられる「遊び」

幼児教育・保育の分野において、近年「生きる力」あるいは「非認知能力」といった「能力育成」と関係づけられる形で、遊びの重要性、価値が論じられています。

河邉（二〇〇五）は、まず子どもにとってふさわしい園生活を以下のように定義し、子どもの能動性あるいは自発性の重要性を強調しています。

子どもにとってふさわしい生活としてもっとも重要なことは、子どもの能動性が尊重されているかということである。保育の形態が自由であっても、自発性が引き出されないような自由では望ましくないし、一斉の保育であっても子どもの自発性は大事にされなければならない。*1

さらに、河邉は「子どもが自分から動き出せる」、「遊びは子どもが自発的にはじめられるもので自主のもとで進められるもの」として遊びを位置づけたうえで、以下のように、その遊びを「生きる力」を身につけていくプロセスと見なしています。

子どもは精神的に安定すると環境に主体的にかかわって遊びを生み出すようになる。そして、次第に遊びのなかで様々な課題を乗り越えていくようになる。どこで遊ぶか、遊びに必要なものは何か、どのようなモノを取り込むか等、豊かな遊びのなかで子どもは多くの自己決定の機会に出会い、実現する喜びを味わう。これはまさに「生きる力」を身につけていくプロセスといえよう。[*2]

このように、河邉が「遊び」と「生きる力」を関係づけている理由は、「自発性」という同型の要素が、「生きる力」という能力と「遊び」という行為、双方に共通していると認識しているからです。

文部科学省は幼稚園から高等学校までの学校改革の柱として「生きる力」の育成をあげている。生きる力とは「自ら考え、主体的に判断し、行動する力」「豊かな人間性」「たくましく生きるための健康や体力」等と定義されている。子どもの生活の中心は、遊びである。したがって、「生きる力」の育成を考えるとき、遊びのなかで考えたり、判断したりしながら、心と身体を十分に動かしているという子どもの姿が期待される。このような姿が生まれるように、さらなる「遊びの充実」を図ることは保育者の役割と言えよう。[*3]

＊１　河邉貴子『遊びを中心とした保育――保育記録から読み解く「援助」と「展開」』萌文書林、二〇〇五年、一〇頁。
＊２　同前書、一五頁。
＊３　同前書、一五頁。

河邉の主張を簡略化して整理してみます。まず、園生活においては、子どもの「生きる力」を育成していくことが目指されています。その生きる力の育成の柱の一つには、「自発的」に行動する力が身についている状態があり、かつ「遊び」とは、子どもが「自発的」に行動し、自発性を発揮している状態を意味します。したがって、「生きる力」の育成を考える時に、そのプロセスそのものとして「自発的な活動としての遊び」を重視することが必要です。

このように、「自発的な活動としての遊び」が「生きる力」という「能力」と密接に関係づけられ論じられています。これが遊びを取り巻く文脈の一つ、「能力育成」の文脈です。

「能力育成」と遊びが関係づけられているもう一つの例として、「非認知能力」との関係を取り上げます。

非認知能力とは、たとえば、「目標に向かって努力する力」、あるいは「やり抜く力」、などと呼ばれており、ＩＱをはじめとした、テストで測ったり数値化して、可視化、測定することが可能な認知的能力ではなく、可視化や数値化することのできない能力のことを意味します。

近年、この非認知能力への関心が保育分野を中心に高まっています。この背景には、学力に代表されるような「認知的能力」だけでなく、根気強さ、意欲、注意深さ、自信などの「非認知能力」も子ども個人の人生の成功において影響可能性をもっていること、また、その「非認知能力」が高まるか否かは、幼児期の環境が重要という指摘があります。それゆえ、幼児教育への政策的介入が有効であり、経済効果も高まるということの根拠の一つとして「非認知能力」への注目が高まっているのです。[*4] こうした背景をもとに、非認知能力を高めることが、子どもにとって「よい」ことであると見なされ始めています。

幼児教育研究者の大豆生田（二〇一九）[*5] は、「乳幼児期にこうした非認知能力を育むことが、成長後の心の健全さや幸福感を高め、社会的・経済的効果を高めると考えられる」と述べ、非認知能力の重要性を説明しています。そのうえで、「どうしたら『非認知能力』が育つのか」という問いに対する答えとして、一つには、アタッチメント＝身近な大人との基本的な信頼感と、もう一つとして「遊び」が重要である、と述べています。

> あそびが重要な「学び」であることが、さまざまな視点から明らかにされつつあります。大人から強制的にさせられることより、主体的に、自分でやろうとして、できたと感じる達成感（成功体験）が得られることのほうがよりよい学びとなるのだと言えます。[*6]

ここで、非認知能力につながるという意味で、大豆生田は、遊びを「大人から強制的にさせられる」ことよりも「自分でやろうとして」やることであると捉えています。つまり、ここでも遊びと

＊4 中村高康『暴走する能力主義——教育と現代社会の病理』筑摩書房、二〇一八年、二二四－二二五頁。
＊5 大豆生田啓友・大豆生田千夏『非認知能力を育てる あそびのレシピ——0歳～5歳児のあと伸びする力を高める』講談社、二〇一九年、一二－一五頁。
＊6 同前書、一八頁。

は、自発的な活動であるという点が強調され、その遊びが「非認知能力」という「能力育成」の文脈と関係づけられて論じられています。

河邉と大豆生田がどのようにこうした能力と遊びを関係づけているのか、あえて単純化すると、遊んでいるという状態は、自発性あるいは、非認知能力が発揮された状態である、だからこそ、遊び込めば遊び込むほど、その自発性あるいは非認知能力が高まっていく、といったロジックです。

しかし、「いいこと思いついた」という現象が明らかにしたのは、遊びは自発的な活動であるという前提が自明ではないということです。そうであるならば、自発的という中核的な要素を失ってしまうため、「遊び」と「能力育成」を関係づけて論じることは難しいと考えられます。それにもかかわらず、なぜ「遊び」と「能力育成」は関係していると考えられているのでしょうか。

次はこの点について、佐伯・佐藤・宮崎・石黒（二〇一三）[*7]における、石黒の「心理学を実践から遠ざけるもの」と題した論考の読解を通じて、考察を深めます。なぜ石黒の論考を取り上げるのかというと、石黒が、心理学と教育実践は「相対的に独立し異なっている」にもかかわらず、なぜその理論と実践が接続されているのか、という疑問を出発点に、その接続の論理を明らかにしようとしているからです。本稿が取り上げた「能力育成」が「遊び」と接続している状況は、能力育成を広義に心理学の領域と位置づけることが可能ならば、心理学と保育実践が密接に関係している状況を意味します。このように、石黒の論考と本稿は、心理学と子どもにかかわる実践の関係性を問い直すという点で、共通性をもっています。そして、石黒の論考は、その接続の妥当性、自明性を問うているため、本稿の議論に有益だと考えられるのです。

心理学と教育実践の関係を可能にする「個体能力主義」と「問題の個人化」の正当化

石黒は、「心理学理論の中の言葉と教育実践の中の言葉が異なる」ために、「相対的に独立した世界」、つまり本来は関係づけることに困難を伴うものであるにもかかわらず、「理論の実践化」がなぜ自明視されているのか、という問いを出発点に考察を始めます。[*8]

石黒は、そのような「理論の実践化」を通じて、心理学と教育実践が接続されている理由を二つあげています。一つは、心理学と教育実践が、「個体能力主義」という共通の人間観を土台としていること。そして、もう一つは、「心理学が、現場の処置を『正当化する』ための道具として期待されている」ということです。

まず、「個体能力主義」は、教育実践、また心理学双方の前提となる認識だと石黒は述べます。教育実践においては、常に子ども一人ひとりの個体の能力を改善すること、向上することが求められてきたという歴史があります。

また、心理学においても実験的研究の対象となっているのは、「個体」としての人間であり、その

＊7　佐伯胖・佐藤学・宮崎清孝・石黒広昭『新装版　心理学と教育実践の間で』東京大学出版会、二〇一三年。
＊8　同前書、一〇三頁。

個人の「能力」あるいは「心の動き」なのです。「皮膚を境にした個人という生体の能力をいかに高めるか」ということが、教育実践の目標の一つであり、かつ心理学においてもその人間の内側で何が起こっているのかを解明することが常に目標の一つであり続けています。このように、双方の接続の前提として「個体能力主義」の人間観が存在しています。

また、石黒は、「個体能力主義」の人間観を土台とするだけでは接続の理由としては「弱い」と述べ、それに加えて、教育実践の「問題の個人化」を「正当化」するための実践用理論を心理学が提供していることが、その接続に強く影響していると述べています。

石黒は、この教育実践の「問題の個人化」を正当化するというプロセスを次のように説明しています。

教育現場に生じる問題の解決にあたって、複数の選択肢があるなかでおそらく一番とられやすいものは、個人的な処置であろう。なぜだろう。通常、問題解決のために操作されるのは、もっともその問題を引き起こしていると考えられる要因である。しかし、例えば、入試にかかわって悩む子どもの問題のような事態では、一人一人の問題の出現に対応してそのシステムを簡単に変えられるものではない。そうなると必然的に手軽に処置が可能な部分が操作されることになる。それが個人である。何かしら問題が生じたとき、個体能力主義的心理学は、そのような「問題の個人化(personalization)」を正当化する重要な「実践用」理論を提供してくれることになる。*9

つまり、教育実践における問題発生と問題解決の文脈において、「個人」を問題の原因と見なす「問題の個人化」を正当化する理論を提供していたのが、「個体能力主義」の心理学であり、それゆえ教育実践と心理学は接続をしていると石黒は指摘しています。

「能力育成」と「遊び」が接続する理由

石黒の分析による論理構造を本稿の議論に敷衍してみると、「能力育成」と「遊び」が接続する文脈においても、「個体能力主義」の人間観が前提となっている点、もう一つは、「能力育成」という文脈が保育実践を正当化する道具として期待される点が共通していると言えます。

繰り返しになりますが、「生きる力」「自発性」「非認知能力」といった「能力育成」において目指される「能力」とは、基本的に子ども一人ひとりに属する、個人に備わるモノのようなものとして捉えられています。さらに、「自発的な活動」としての遊びも、子ども一人ひとりが、自分自身で動くことを意味しており、「個体能力主義」が前提となっていると言えるでしょう。そして、こうした「能力育成」を目標として、「遊び」を手段として位置づけ、かつその育成に遊びが有益だと主張することは、保育実践の正当化に寄与しているとも言えます。

石黒は、教育実践において、複雑化したシステムへのアプローチが限定的にならざるを得ないこ

＊9　同前書、一一三－一一四頁。

とから、「問題の個人化」が生まれる状況を指摘しましたが、保育実践においても同様にこうした「個人化」が生まれてくる状況を次のように指摘できます。

人がよりよい人生を送り幸せになる、そこに関係することは本来多種多様なはずです。どの地域でどのように生きるか、誰といつ、どこでどんな出会いがあり、人生が好転あるいは暗転するかわからない。そうした未来に生きる子どもたちを前に「いま」何ができるのでしょうか。いま行う実践は何をもって「よい」と言えるのでしょうか。この問いが保育実践を貫いていると言えるでしょう。

子どもがよりよく育つために、という目標において関係し得る事柄は、地域や家庭など個人を取り巻く関係に求めてもよいはずです。しかし、幼児教育・保育という文脈においては、そうした子どもを取り巻く関係へのアプローチは限定的にならざるを得ません。つまり、一人一人のよりよい子どもの生に関係する複雑なシステム全体を一人ひとりの子どものために変えていくことは容易ではないのです。そうなると必然的に、一人ひとりの目標としての能力とその手段としての遊びの関係を「個人化」する必要が出てきます。個体能力主義心理学は、その目標としての能力を提示する役割を果たし、かつその手段として遊びが位置づくことを正当化する役割を果たしていると言えるのではないでしょうか。

「目標と手段の個人化」の力学によって遊びも「個人化」を要請される

そのため、遊びは、目標となる個体能力育成のための有効な「手段」となるために、個人化されなければなりません。このように、石黒において論じられた心理学と教育実践における「問題の個人化」という現象の別の形態が、心理学と保育実践における「目標と手段の個人化」と言えるのではないでしょうか。その帰結として、「遊び」を手段として位置づけるならば、「遊び」も個人化されたものとして理解する必要がある、そのために、「自発的な活動」としての遊びという個体能力主義の人間観を前提とした遊び理解が当たり前のものとして理解されている結果を生むのではないでしょうか。

蛇足となりますが、石黒は、先の論考で、「問題の個人化」によって、「問題とは何か」を問い直す機会が失われ、「問題」が具体的な状況から離れる危険性を危惧していました。[*10] このことは、保育実践における「遊び」においても同様だと言えます。「遊びとは何か」という問いを改めて問う機会が失われる危険性です。遊びとは何かが問い直されずに、遊びが具体的な状況から離れていく、能力育成において有用だと考えられる範囲に限定して遊びが捉えられていく危険性です。

ここまで、能力育成の文脈において、なぜ遊びが自発的な活動とされなければならないのか、そのロジックを確認してきました。その前提としての個体能力主義の誤謬性を指摘することについては、次章にその検討を譲ります。その前に、遊びが自発的な活動とされている、もう一つの文脈について検討をします。異なる文脈において、共通の前提が採用されているという事実とその背景を

＊10　同前書、一〇六頁。

考察することで、遊びを自発的な活動と見なすことの根本的な課題を浮き彫りにしていこうと思います。

2　子どもの「権利尊重」の文脈に位置する「遊び」

次に、遊びが自発的な活動と見なされる文脈として、子どもの「権利尊重」の文脈を取り上げ、その例として筆者の働く冒険遊び場を取り上げます。なぜなら、保育の文脈とは異なる文脈であるにもかかわらず、遊びが自発的な活動であるという共通の結論を導いているからです。そして、異なる文脈であるにもかかわらず、共通の結論が生み出されていることは、その背景に共通の見方や構造があることを示唆しており、その点を考察することが遊びを問い直すうえで不可欠となるからです。

「冒険遊び場」とは何か？　そこでの「遊び」とは何か？

筆者が職業としていたプレーワーカー（プレーリーダーとも呼ばれる）とは、主に「冒険遊び場[*11]」で働く職員のことを指すと言われています。また、筆者の職場である「川崎市子ども夢パーク[*12]」は、国連子どもの権利条約の系譜に位置づく、「川崎市子どもの権利に関する条例[*13]」の具現化のための施設として、つくられたものでもあります。

冒険遊び場がつくられた背景には、遊ぶことがすべての子どもたちの子ども時代に必ず保障されるべきものであるという大人たちの認識と、それにもかかわらず、遊ぶことが子どもたちにとって難しくなっているという社会状況への認識があります。具体的には、子どもたちの「遊ぶ」という行為が、時間、空間、仲間の三間《さんま》が、主に「大人」たちの都合によって、（そこにはさまざまな状況がありますが）、喪失していったという時代認識があるのです。つまり、主として大人たちの都合によって喪失していってしまった、「遊ぶ」という活動を、子どもたちに保障していくために、「遊び場」がつくられていったのです。日本で冒険遊び場が展開するのに重要な役割を果たした、大村璋子は、この認識を以下のように示しています。

子どもが自分の能力を開花させる機会であり、子どもの成長にとって欠かせない遊び。その遊びの環境は文明が進むにつれて貧しくなってきている。都市化によって空き地は減少した。しかし、子どもが

＊11　国内および海外との関係における冒険遊び場の歴史については、以下のサイト（https://bouken-asobiba.org/）に詳しい。
＊12　川崎市子ども夢パークの沿革については、以下のサイト（https://www.yumepark.net/140_history/index.html）に詳しい。
＊13　川崎市子どもの権利に関する条例については、以下のサイト（https://www.city.kawasaki.jp/450/page/0000004891.html）に詳しい。そこでは、「平成元年一一月二〇日に国際連合総会で採択された『児童の権利に関する条約』の理念に基づき、子どもの権利の保障を進めることを宣言し、この条例を制定する。」と記載されている。

遊べないのは、その場所がないからだけではない。空き地があっても、自己の責任問題や受験戦争というような制約があって、のびのび遊べなくなっている。*14

この実践において、子どもたちに保障したい遊びとはどのように捉えられているのでしょうか。日本で初めての有給プレーリーダーとなった天野秀昭は、以下のように遊びを定義しています。

教育には子どもの意志とは関係しない大人や国の意志があり、なにがしかの強制力が伴うと考えた方が無理がない。けれど、遊びはそうではない。本人の「やってみたい」と思う気持ちがすべてで、万一強制が伴ったとすれば、たとえそれが鬼ごっこであったとしても、もはやそれを「遊び」とは言わない。ただし、次のことばが一〇〇％認められるのだとしたら、たとえ大人が「遊ぼう」と呼びかけても遊びとして成り立つ。そのことばとは、「あそばなーい」。遊ぶも遊ばないも、その子次第。かくも遊びとは、その本人の自発的行為なのだ。*15

ここでは、子どもへの強制を伴う行為は遊びとは呼べないと考えられ、「自発的行為」が保障される限りにおいて遊びが成立する、つまり遊びとは、自発的行為であると述べられています。ここでも保育の文脈と同様、遊びは、自発的行為とされています。つまり、文脈は異なりますが、遊びを自発的な活動であると強調していることに変わりはありません。ではなぜ、冒険遊び場における文脈においても自発的な活動として遊びが理解されているのでしょうか。そこには、「冒険遊び場」が、

「責任」概念を非常に重視していることが関係しています。

「自分の責任で自由に遊ぶ」というスローガンの成立背景

冒険遊び場においては、日本ではじめて有給プレーリーダーを雇用した羽根木プレーパークを中心に、多くの現場において、「自分の責任で自由に遊ぶ」というスローガンが用いられています。大村は、このスローガンが用いられた経緯を以下のように述べています。

自由に遊べる状況をつくっていくためには、何かあったときに他の人に責任を負わせてしまうのではなく〈自分の責任で〉という精神が基本である。プレーパークの大きな立て札に書いてある〈自分の責任で自由に遊ぶ〉は、遊びに来る子どもや親に向けて言うのと同時に、遊び場づくりに携わっている自分たちに向ける言葉でもある。[*16]

ここでは、子どもたちが自由に遊べる状況をつくっていくためには、「自分の責任で」という精神が基本であるとされています。なぜ、「自分の責任で」という精神が基本とされなければならないの

＊14　羽根木プレーパークの会『冒険遊び場がやってきた！――羽根木プレーパークの記録』晶文社、一九八七年、一九六頁。
＊15　天野秀昭『子どもはおとなの育ての親』ゆじょんと、二〇〇二年、一二頁。
＊16　前掲書（＊14）、一九六頁。

でしょうか。この点について、天野は、このスローガンが生まれた背景を以下のように述べています。

もともとプレーパークでこのモットーが生まれた背景には、一件の骨折事故があった。木と木の間にかけたネットから転落して腕を折ったその事故の、賠償責任を問う相手は誰なのかと投げかけられたのがきっかけだった。そもそも、安全と危険の境界域で自分の限界へと挑戦し、自らの内にある世界を広げ能力を高めようとするのが子どもだ。ことにそれは遊びの中に顕著で、こうした体験は子どもの成長にとって不可欠であるとの考えから冒険遊び場プレーパークは生まれてきた。しかし、このような立場をとろうとする時必ずといっていいほど出るのがこの「責任問題」だ。一体責任とは何なのだろう。*[17]

天野は、子どもの自由が保障されることと責任概念が密接に結びついていると指摘し、そして、子どもから自由を奪う口実に、責任概念が用いられていることを以下のように説明します。

相手のやりたいことを止めさせ自由を奪うのに、手間はかからない。その相手から「責任」をうばってしまえばいいのだ。お前は責任をとれない、お前のやったことの責任は私がとる、だから私の言うことを聞きなさい。相手から責任を奪い、お前は責任の主体者ではないと宣告した時、相手の自由を奪い自分の傘下におくことができる。（…中略…）子どもから責任を奪ったのは大人なのに、大人は子どもを評して言う。「最近の子どもは責任感がない」と。*[18]

このように、「冒険遊び場」の成立においては、責任概念との関係において子どもの自由が奪われているという状況認識が存在していました。子どもは、大人から「お前は責任主体ではない」と宣言されることによって、遊べなくなってしまっているという認識のもと、責任概念と子どもとの関係が、「自由を守る」ために重要であると考えられていたのです。そのために、「自分の責任で自由に遊ぶ」というスローガンが掲げられ、子どもの自由な遊びを守るために、子どもが責任主体であることが宣言される必要がありました。

「権利」としての負う責任

子どもが責任主体である、という宣言が、「冒険遊び場」において、重要な役割を果たしていました。では、責任主体であるとはどういうことか。天野によれば、「責任」の内実とは、人間としての自立に関係する「負う責任」であるとされています。

> 人は、本当に自分がやりたくてやった結果起こることについては、その責任が決して転嫁できないことを痛感する。自分がやりたくてやったと言う実感が、決して転嫁することのできない「責任」を実感させるのだ。そしてこの「責任」は、人間としての自立の問題へと深く重なる。この時、責任は「負う」ものだと知る。[*19]

＊17　前掲書（＊15）、八〇－八一頁。
＊18　前掲書（＊15）、八一－八二頁。

そして、天野は、「責任を負う」ことは、自由であるための「権利」である、と以下のように主張しています。

「お前は責任をとれない」、そう言い渡すことで相手の自由を縛ることができる。「お前の責任者は私だ」、さらにそう宣言することで相手を従属させることもできる。これは、人が「自由」であるためには、「本人は責任の主体者」でなくてはならないことを意味している。つまり、「責任を負う」ことは、自由であるための「権利」なのだ。その権利を奪い、大人は子どもからさまざまな自由を奪ってきた。*20

ここでは、「自由」であるためには、「本人は責任の主体者」でなくてはならない、という理解が示されています。つまり、子どもが自由を奪われないためには、子どもが「責任主体」であることを認めてもらう必要があります。なぜなら、「責任主体ではない」ことは、「自由を奪われる」ことを意味するからです。したがって、「取る責任（取らされる責任）」とは区別される「負う責任（自ら負う）」の存在が不可欠の前提になるのです。だから、天野は、この「負う責任」を「権利」であると主張しています。そして、「権利」を以下のように理解しています。

「この世に唯一無二の存在である私が『私そのもの』として尊重されるためにあるもの。だからそれは個々の、人間そのものの生命に根ざす」――「権利」を僕はこう捉える。*21

天野にとって、権利とは、人間そのものの生命に根ざすもの、とされています。生命に根ざすという形で、「負う権利」が不可侵の前提であることを宣言していると言えます。「負う権利」が、子ども自身に根ざすものだから、その権利を保障するために、子どもを自由にしなければなりません。そうしなければ、「負う責任」を果たせないのです。それゆえに、「自分の責任で自由に遊ぶ」というスローガンを掲げたと言えるでしょう。

3　「責任」と「自由」と「自発的な活動」の関係

「責任」と「自由」という「近代」の思考枠

前節では、冒険遊び場における遊びを取り巻く文脈を見てきました。そこでは、「責任」と「自由」との関係において、遊びが論じられています。逆に言うと「責任」と「自由」という概念抜きに、遊びを論じることはできないということでもあります。そのため、天野は、子どもが「自由に遊ぶ」ために、子どもが「責任主体である」ことを「権利」として主張しているのでしょう。

しかし、なぜ天野は「責任主体」であることが、「自由になる」ために必要だということを訴えな

＊19　前掲書（＊15）、八二頁。
＊20　前掲書（＊15）、八三頁。
＊21　前掲書（＊15）、八四頁。

ければならなかったのでしょうか。そのことは、「自分の責任で自由に遊ぶ」というスローガンが唱えられた時代の社会、また現在の社会がどのような社会であるかということが関係しています。なぜなら、いつの時代においても「責任主体」であることと、「自由になる」ことが密接な関係をもつわけではないからです。つまり、この論理の前提には、まず私たちが「近代民主主義社会」に生きているという前提が必要とされています。

以下では、社会心理学者の小坂井敏晶による、「責任」と「人間の自由」に関する議論を参考にし、「責任」と「自由」を関係させる思考そのものが「近代」特有の思考の枠組みであることを指摘していきます。

小坂井（二〇一八）は、「近代」と「近代以前」の世界がどのように異なり、その結果、近代特有の概念として「自由意志」が成立したことを以下のように説明しています。*22

まず、「近代」と「近代以前」の世界は、社会秩序の正当性の根拠をどこに求めるか、にその違いがあるとしています。つまり、犯罪や不平等をどのように理解するか、またはそれに対する処罰、対処をどのように正当化するのかに違いがあるとしています。「近代以前」は、神、つまり共同体の外部にそれを求めました。しかし、「近代」とは、神や貴族など共同体の外部の権力からの人間の解放を意味しています。つまり、共同体の外部に、秩序の正当性の根拠を求めることはできません。したがって、「近代」においては、共同体の内部、つまり制度や人間自身にその根拠を求めようとするのです。また、「自由意志」という概念も、「近代」だけが必要とする概念だとされます。その理由は、個人が神や特権階級から解放されたことによるのではなく、社会の秩序の正当性の根拠が神という共同体の外部から、人間自身あるいは制度という共同体の内部に位置づけられる必要があるためとしています。

そして小坂井は、そこから「自由」と「責任」の関係が生まれていくことを、以下のように述べています。

社会には逸脱者が必ず現れる。そして社会秩序を維持するために逸脱者を処罰しなければならない。ところで処罰はどう正当化されるか。人間は自由だから、その行為に責任をもたなければならない。我々はそう信じる。だが、実は論理が逆立ちしている。責任を誰かに課す必要があるから、人間は自由だと社会が宣言するのである。自由は虚構であり、見せしめのために責任者を作り出して罰し、怒りや悲しみを鎮める政治装置である。*23

このように、「人間とは自由である」という宣言、また、その「自由」との関係において「責任」を論じる必要が生まれたのは、「近代」以降なのです。小坂井は、責任を誰かに課す必要があるから、人間は自由だと社会が宣言するのであると述べています。つまり、責任主体であることが、その主

＊22　小坂井敏晶『神の亡霊――近代という物語』東京大学出版会、二〇一八年、一―五頁。
＊23　同前書、二一頁。

体が自由であるという意味をもつのは、近代特有の思考枠組みだと言えます。

まさに、天野が責任の名のもとに、子どもの自由が奪われていると述べた状況は、近代民主主義社会に私たちが生きているために発生している状況と言えます。「冒険遊び場」における「遊び」を捉える文脈の前提には、こうした枠組みが関係しているのです。

天野が「負う責任」を「権利」と見なさざるを得なかったのは、この枠組みを前提としているためだと言えます。責任主体であるならば、その人間は自由であると見なすのが近代社会です。逆に、その主体の自由を奪うために、その主体が責任主体ではないと宣言されるようにもなりました。したがって、その主体の自由を取り戻したければ、責任主体であると宣言する必要があるのです。そのため、責任を権利として宣言する必要があるのです。

「責任主体」であることは、「行為」の個人化を要請する

また、「責任」主体であると見なされるとき、「人間は自由である」とされるのが「近代」です。小坂井が以下で述べるように、責任主体であるときは、つねに「行為」が「個人化」されることをも意味します。

殺人を犯す者がいる。なぜ彼は罰せられるのか。社会が罰を要請するからだと古代ギリシアが答える。神がそれを欲するからだとキリスト教世界が言う。しかし近代個人主義に生きる我々は、そのような答

えでは満足できない。責任の根拠が個人に内在化される世界において罰を私に科すためには、行為の原因が私自身でなければならない。[*24]

小坂井が述べるのは、私たちが責任主体であり、そのために自由であると仮定される、つまり「責任」の根拠が個人に内在化される時、行われる行為の原因はその当人によるものでなければならないということです。つまり、責任主体であると宣言される時、必然的に行為は個人化されなければならない。したがって、責任主体であるとすることは、必然的にそこで行われる行為が個人化されなければならない文脈を設定することを意味すると言えるでしょう。

ここまでの話を踏まえると、冒険遊び場の文脈において、負う責任の主体が行う行為として、遊びを位置づけるがゆえに、その行為は自発的な活動とされなければならないことが明らかになりました。なぜなら、責任概念は、主体が自由意志のもとに行動するという前提を必要とするからです。このように、責任と自由という文脈を設定することにより、そこで行われる行為をどのように理解するかという方向性が規定されてしまうのです。言い換えれば、そこでは自由意志に基づく行為、つまり自発的な活動以外の選択肢は排除されます。

したがって、遊びが自発的な活動とされているのは、あくまでも責任と自由との関係において遊

＊24 同前書、三頁。

びを理解しようとする、その文脈が存在しているからなのです。

4　「個人化」という力学

本章では、遊びが自発的な活動とされる異なる二つの文脈を追ってきました。なぜ文脈が異なるにもかかわらず、同じ結論に達するのでしょうか。その理由は、どちらの文脈においても個人化という力学が共通しているからです。まず、能力と責任、この二つが脱文脈化され人間に備わるものとして理解されている点があります。この文脈上に、「行為」を位置づけようとすると、そこでは必然的に「行為」は「個人化」されなければならなくなります。なぜなら、「能力」も「責任」も個人に備わるものだということを前提としているからです。「個人」という単位を一方に置くならばもう一方の単位も「個人」であることが必要になる、そのような論理を前提に、遊びを位置づけようとしているために、遊びは「自発的な活動」と見なされるのです。

このように、「遊び」は、「行為」を個人化しようとするこの二つの文脈に取り囲まれることによって、「自発的な活動」と見なされることを、余儀なくされてしまっていると言えます。つまり、「遊び」が「自発的な活動」とされるのは、遊び本来の意味から導かれるというよりも、むしろある特殊な前提を採用することにより余儀なくされてしまっているものであると言えるでしょう。

この特殊な前提を可能とした時に、はじめて遊びは自発的な活動と言えるのです。しかし、これらの前提は、果たして疑問の余地のない自明の前提なのでしょうか。まず、自発的な活動の意味である、個人化された行為とは果たして本当に存在し得るのか。次に、個体能力主義を前提とすることとそして、近代的主体としての人間観、つまり関係に先立って存在する人間観を前提とすることは何を意味しているのか。次章では、これらの前提が「近代」特有の思考枠組みによって導かれている点とそれらの誤謬性を明らかにし、「遊び」が「自発的な活動」であることは根底から問い直されるべきであるという結論を示します。

第3章 「実体論」から「関係論」へ

矢野勇樹

前章で、遊びが自発的な活動とされている理由は、その遊び本来の意味によるというよりも、むしろ個体能力育成、また責任と自由という文脈の存在が、行為の個人化を必要とする点に強く影響を受けていることを指摘しました。

遊びが自発的な活動だと見なされることを規定してきたこの文脈において重要な前提とは、能力、また負う責任という権利が個人に備わるものとして存在するということ、また、自発的な活動という概念も自明であるということ、そしてさらに、自発的な活動という概念の成立を可能にするため独立した個人つまり近代的主体[*1]としての人間観という前提が必要となります。

本章の目的は、さまざまな研究成果を参照し、これらの前提一つ一つに検討を加え、それらが「実体論」というメタ理論[*2]を背負ったものであることを批判し、「関係論」的に捉え直されることが必要であることを示すことです。その結果、遊びが自発的な活動であるとする文脈と、自発的な活動という概念自体が、近代というある特殊な前提に基づくものであることを示します。つまり、遊びを自発的な活動とする見方は、ある特殊な前提を採用することによってはじめて可能になる、つまり遊びが自発的な活動であるということは、自明の前提とは言えない、特殊な見方の一つだということです。

まず、石黒広昭と村井実の論考を紐解きながら、個体能力主義と、個人化された権利理解の誤謬性を明らかにし、さらにその背後にあるメタ理論を抽出します。次に、國分功一郎の論考に依拠しながら、自発的な活動という概念そのものを批判的に検討します。その結果、その根拠となる意志概念自体を実体論的に扱うことの誤りを指摘し、独立した個人であることは事実ではなく、ある特殊な前提で仮定することのできる存在であることを示します。以上の考察を踏まえて、本章の最後に、遊びを自発的な活動とする見方を規定してきた前提の誤謬性の背後にあるメタ理論が「実体論」であることを確認します。

1　個人化される能力・権利理解への批判

ここでは、能力、権利を個人に備わるものと理解する個体能力主義の誤謬性を指摘する論考を取り上げます。そして、それらの批判の共通性を吟味し、それが実体論への関係論的な観点からの批判であるという批判のメタ理論を抽出していきます。

「個体能力主義」の誤謬

前章で見たように、「遊び」が「自発的な活動」と見なされる背景には、能力育成の文脈がありました。そこにおいて不可欠な前提は、個体能力主義です。しかし、石黒によれば、この前提となる個体能力主義とは誤謬であることが指摘されています。

石黒によれば、個体能力主義とは、「人間の活動は何にも媒介されず、知識は脱文脈化され、意味や価値は安定していると捉える活動観、知識観、意味観」をとっているとされ、「無媒介性」「脱文脈性」「没交渉性」をその特徴としています。[*3] 以下で、石黒の論考の概略を述べ、それぞれの特徴の誤謬性を明らかにします。

石黒は、まず、人間の活動は、「無媒介」である、と考えるのは「幻想でしかない」としています。

＊1　「啓蒙時代」に端を発する人間に対する見方の一つ。簡潔に言えば、人間は自ら考え判断する合理的な心を備えた主体である、と見なす。この自己概念の形成の歴史的過程については、以下の文献にて簡潔に説明されている。ケネス・J・ガーゲン、東村知子（訳）『あなたへの社会構成主義』ナカニシヤ出版、二〇〇四年、九－一二頁。

＊2　メタ理論とは、佐伯によれば、「すでに知られている他の研究や、これからやろうと思えばできそうな研究のまだ見ぬ結果をつなぐ、より一般的な仮説や理論」を意味する。詳しくは、佐伯胖『認知科学の方法』東京大学出版会、二〇〇七年、一五頁を参照。

＊3　佐伯胖・佐藤学・宮崎清孝・石黒広昭『新装版　心理学と教育実践の間で』東京大学出版会、二〇一三年、一一八頁。

なぜなら、人間のあらゆる活動において、道具に媒介されていない活動を想定することは難しいからです。それは物理的な道具に限りません。つまり、一人で思索する時でもそれが必ず「社会的な」言語に媒介されていなければならないのです。また道具を使う時なども、その道具に関係する他者と間接的にかかわっている、というように、「人間は閉じられた個体というシステム」としてではなく、「道具をもった人として」世界に向かうのであると述べています。

また知識の「脱文脈化」とは、「ある状況において生じた具体的な行為や知性を、その場から切り離して、一般的な技能や知識として捉えること」とされます。しかし、これは、個々の行為や知識が文脈を失うということではなく、ある「特権化」された文脈への変更を意味することとし、「状況に依存しない知」を語るのはこれまた「幻想でしかない」としたうえで、知識の文脈依存性を主張しています。

そして、また、「没交渉化」された意味とは、意味を「比較的安定したもののように考えること」であり、「辞書に書き込まれた言葉のように扱う」ことだとします。しかし、これもある文脈を想定した「一例」でしかない、と批判したうえで、意味とは固定化され、「伝達」されるものではなく、世界に向かう活動によってその都度「交渉」され「生成」していくものであるとしています。*4

石黒のこれらの批判に共通しているのは、人間の活動、知識、意味が「実体化」されていること、つまり、モノのように扱われていることへの批判だと言えます。これは、根本的には、人間の「本質」の実体化への批判を意味しています。すなわち、人間の内部に、何かの本質が内在しているという見方への批判です。しかし、この見方自体は、特別なことではなく、たとえば、人間の内側に「心」があると見なすことは、疑いもなく信じられてきたことでもあります。心が実在する、という前提の延長に、人間の内側に実体としての「何か」、たとえば、能力、知識、意味、などが実在するという言説が位置しています。

したがって、「個体能力主義」の誤謬[*5]を指摘するうえで、石黒の論考に加え、その人間の本質として「心」を実体化することを根本的に批判した、ギルバート・ライル（Ryle, G. 1900-1976）による「心の概念」に関する批判を取り上げる必要があります。

ライルは、『心の概念』において、人間の本質として心を実体として見なす心の扱い方を、「機械の中の幽霊」と呼び、そのようなものは存在しないと批判しています。なぜなら、物質的な「もの」と並列的に、非物質的な「心」を位置づけたうえで、同じ論理を用いて、心を扱うことは、「カテゴリーミステイク」であるからです。「カテゴリーミステイク」とは、ライルの例によれば、「大学」を「図書館」と並列に語られる「実体」として位置づけること、あるいはクリケットにおける「チー

＊4　同前書、一一八－一二二頁。
＊5　本稿では論旨を外れるため取り上げていないが、個体能力主義を前提とした「能力主義」にも批判的考察を加える必要がある。以下の書籍を参照。本田由紀『教育は何を評価してきたのか』岩波書店、二〇二〇年。マイケル・サンデル、鬼澤忍（訳）『実力も運のうち――能力主義は正義か？』早川書房、二〇二一年。桜井智恵子『教育は社会をどう変えたのか――個人化をもたらすリベラリズムの暴力』明石書店、二〇二一年。

ム精神」を「投手」と並列に語られる「実体」と見なすことである、と指摘しています。[*6]
つまり、心を身体など物質的なものと同じく、「状態」「運動」「変化」「原因」「結果」など物理学的な法則の論理を用いて説明され得る、非物質的な「実体」であると見なすことが根本的に間違っていると、ライルは述べ、心をモノと同じような実体と見なすことは、別のカテゴリーにおいて語るべきことを並列してしまっている、と否定しているのです。

「権利」の個人化への批判

子どもが責任主体であるということは、冒険遊び場の議論において、必然的な文脈として設定されていました（本書第2章参照）。そして、その必然性を支えていたのは、その負う責任が個人に備わる権利であるということです。しかし、本当に、権利とは個人に備わるものと言えるのでしょうか。

前章で見た、天野（二〇〇二）[*7]の、「人間そのものの生命に根ざす」ものとして権利を捉える見解は、村井（一九九六）[*8]によれば、「権利」を人間に自然に備わったものであると、認識している点で誤りがあります。村井は、「権利」とは人間と他の人間が出会うことにより、はじめて生まれるものだと、ロビンソン・クルーソーを例に示しています。

村井はこのように説明します。たとえば、ロビンソン・クルーソーが、孤島に一人で生きているとしましょう。そして、「権利」をすでに備わったものであるとします。その時に、権利を主張することに何の意味があるのでしょうか。その主張は無意味です。しかし、そこにフライディというもう一人の人間が現れることではじめて「権利」が生まれます。なぜなら、孤島でどのようにして二人が生きるか、食べ物を分けるか、そういう問題が起こって初めて、道徳的に「平等」や「自由」の権利が生じてくるのだ、と。

しかし、なぜ天野は、「生命に根ざす」という言葉で、権利を人間に備わるものとして理解しようとしたのでしょうか。そこには、子どもが自由であることを不可侵の前提として守るべきという主張の存在が示唆されます。生命に根ざすという言葉で、それが生命と同等の価値をもつということを主張したかったのではないでしょうか。他者の生命を勝手に傷つけてはならない、あるいは奪ってはならないということと同じように、「子どもが自由であること」を尊重するために、「負う責任」を権利として訴えたのではないでしょうか。だからこそ、本来人と人との関係が生まれることによって意味をもつ権利を、個人に根ざすものとして位置づけたのだと考えられます。

筆者も子どもの自由が侵害されている状況を改善するという問題意識は共有します。しかし、その改善の手段として、子どもが「負う責任」を権利としてもつことを主張し、子どもを責任主体として位置づけるということは、やむを得ない側面があることを理解しつつ、慎重でなければならな

＊6　Ryle, G. (1949). *The concept of mind.* London : Hutchinson.（坂本百大・井上治子・服部裕幸『心の概念』みすず書房、一九八七年、五一－一九頁。）
＊7　天野秀昭『子どもはおとなの育ての親』ゆじょんと、二〇〇二年、八四頁。
＊8　村井実『人間の権利』講談社、一九九六年、三一－三二頁。

いと考えます。なぜなら、ここまでの議論で述べてきたように、遊びを捉える見方が、「個人化」を前提とする文脈に影響を受けたものに偏ってしまう状況を生む側面があるからです。

関係論的に見るということ

ここまでの石黒や村井による能力や権利を個人化されたものとして捉えることへの批判は、人間に関係するあらゆる事柄を実体化して捉えることを誤謬であると指摘する点に共通性があります。誤謬であるということは、正しく見えているようで実は間違っているということです。石黒が述べるように、正しく見えるのは、ある特殊な前提を採用しているにすぎないからであり、それゆえ「幻想でしかない」と述べたのです。

実体化の根源的な前提は、人間を独立した個人であると見なすことです。詳しく述べるとあらゆる関係に先立って個人が存在すると前提することです。しかし、そういう事態を想定することはできません。村井がロビンソン・クルーソーの例で示したように、人間は無人島で生きているわけでもなく、人間は生まれた時から周囲の人間、事物との関係により、生きることが可能になっているからです。だからこそ、それは特殊であり、かつ事実としては誤った前提であるために、そこから導き出される結論は誤謬であると言わざるを得ないのです。

この石黒や村井による批判は、メタ理論における実体論批判に対して、関係論というメタ理論に背後で支えられています。なぜなら、根本的な人間観として、人間を他者あるいは道具との関係を前提としたうえで、その関係において理解しようとする立場を共有しているからです。また、その前提により、あらゆる活動、知識や意味を状況や文脈に位置づけて理解しようとしています。佐伯（二〇一四）は、関係論的見方を以下のように示しています。

関係論というのは、特定の事物について説明するとき、その事物そのものに内在する構造や属性、ないしは構成要素などで説明しきれるものとするのではなく、事物がどのように見えるか、どのような在り方をするか、ということを、その事物とかかわる他の事物との関係性の中で捉えるのである。それらの関係は、独自の「状況」を作り出しているわけで、私たちの行為はそのような「状況」に「埋め込まれて」いる（それゆえ、関係論的な見方は、ときに「状況論的見方」とも言われる）。[*9]

どのような人間もある文化や歴史的な文脈から独立して存在することはできません。それは誰もが納得できる事実としてあるでしょう。そして、権利や能力も私たちのそのような文化、歴史的な文脈があってはじめて意味をもつものとなります。このような意味で、実体論とは、あくまでも石黒が述べたように特殊な前提であると言えます。そうした特殊な前提に立っているという事実を認識し、かつ事実として何が起こっているのかを明らかにすることが関係論的見方によって可能にな

＊9　佐伯胖『幼児教育へのいざない［増補改訂版］――円熟した保育者になるために』東京大学出版会、二〇一四年、九三頁。

ると言えるのです。

　ここまで、自発的な活動であることを導く文脈の前提の誤謬性を指摘しました。次に、自発的な活動それ自体の自明性を検討します。

2　「自発的な活動」における「意志」という特殊な前提

　遊びが自発的な活動であるということは、それを可能にする文脈の存在と、自発的な活動ということが自明な前提であることで成立する命題です。前節では、自発的な活動とする文脈の前提が誤謬であることを、関係論の観点から指摘しました。そして、近年、自発的な活動ということ自体も本当に事実としてそうだと言えるのか、と問い直され始めています。具体的には、自発的な活動の前提となる「主体」や「意志」に関してそれらを所与の事実つまり実体として見なしてよいと言えるのか、という疑念が生まれています。

　つまり、ここでは、自発的な活動の概念を分析します。それは、自分の意志を出発点とする行為の存在を問い直すことを意味します。意志によって行為が生まれていると通常解釈されていますが、その前提となる主体や意志という概念を批判的に検討し、自発的な活動の存在を認めることは、ある特殊な前提を採用することにより初めて可能になるということを示します。

自発的な活動における意志

國分功一郎は、『中動態の世界――意志と責任の考古学』[*10]において、私たちが自発的な活動と呼ぶ行為は本当に自発的な活動と呼べるものなのか、それは「能動」か「受動」かどちらかしかないという前提があることによってはじめて可能になっている認識なのではないか、と問うています。その問いに対して、言語学的な歴史研究をもとに分析を行っています。

國分（二〇一七）は、まず、「能動」と呼ばれる行為の特徴を確認します。「私が歩く」ということを例にとり、「私が歩く」ことと「私のもとで歩行が実現されている」ことの違いとして、「私」という「行為者」の存在とそのなかに想定される「意志」の存在をあげています。

> 能動の形式は、意志の存在を強くアピールする。この形式は、事態や行為の出発点が「私」にあり、また「私」こそがその原動力であることを強調する。その際、「私」のなかに想定されているのが意志である。つまり、「私が歩く」は私の意志の存在を喚起する。しかし、「私のもとで歩行が実現されている」はそうではない。[*11]

つまり、能動の形式の特徴とは、私とそのなかにある意志がある行為の出発点となっていると、表

＊10　國分功一郎『中動態の世界――意志と責任の考古学』医学書院、二〇一七年。
＊11　同前書、二二二頁。

現することにあります。しかし、國分は、「私が謝る」という例を挙げ、受動とは決して言えない（「謝らせられた」とは決して言えない）行為であるにもかかわらず、能動とも言えない行為が存在すると指摘します。つまり、口先だけの謝罪は謝罪にならないと考える一方で、しかし、それを私たちは、受動とは決して言えないことから能動と呼ばざるを得ません。この判断は、能動―受動カテゴリーの枠組みが前提となっているからだと國分は述べています。

　國分は、能動か受動かの区別は、すべての行為を「する」か「される」かに配分することを求める、と指摘します。そして、するかされるか、そのどちらの区別にも、行為者とその行為者のなかにある意志の存在が想定されることから、能動―受動カテゴリーとは、行為者と意志の存在を前提としている区別であると指摘しています[*12]。つまり、行為を「する」のか、「される」のか、という区分は、意志の存在を前提とする区分だと言えるのです。

　前章までに確認したように、遊びを取り巻く文脈において、「遊びは決して強制とは言えない、だから自発的な活動である」、と主張される傾向があるということを思い出してください。この論理は、「私が謝る」ということを、受動とは決して言えないからこそ、能動として位置づけていることと同じ論理を辿っています。遊ぶということは、決して受動的な行為とは言えない、だから能動的つまり自発的な活動であると主張されているのです。しかし、ここで國分の分析を踏まえて確認したいのは、この主張はあくまでも能動―受動カテゴリーのどちらかしかないということを前提とすることで、成立している主張だということです。しかし、本当にそのどちらかの枠組みでしか物事を捉えることはできないのでしょうか。

國分は、言語学的な歴史を踏まえたうえで、この能動―受動カテゴリーの区別は普遍的なものではないと結論しています。なぜなら、能動―受動カテゴリー以前に、能動―中動カテゴリーが存在していたためです。そこでは、行為者と意志の存在は前提とされず、ただ行為者は、動詞で示される過程の「内側」にいるか「外側」にいるかが問われるにすぎませんでした。さらに、歴史を遡ると、動詞すら存在しない時代として「名詞的構文」の時代があり、そこでは「動作」は単なる「出来事」として描かれていた、と指摘しています[*13]。

そして、國分は、動詞および態の変化という観点から眺めたとき、そこに見出される方向性とは何か、つまり一貫した方向性を問い、その結論として、出来事を描写する言語から、行為者を確定する言語への移行の歴史として描き出せるように思われると、指摘しています。そして、その結果、現在のように、能動―受動カテゴリーが暗黙の思考枠組みとなり、意志概念が前景化するに至ったと、述べています[*14]。

自発的な活動とは、行為の出発点を私のなかにある意志だと見なす考え方を意味しています。し

＊12　同前書、二二一－二二二頁。
＊13　同前書、一六四－一七四頁。
＊14　同前書、一七五－一七六頁。

かし、ここまでの國分の分析を踏まえると、この考え方自体は、普遍的なものではなく、個体能力主義と同様ある特殊な前提のもと成立する概念だと言えるのです。なぜなら、能動―受動カテゴリーにおいてはじめて意志が前景化しますが、そのカテゴリーが全面化したのは言語学の歴史においてごく最近のことであるからです。

意志とは責任との関係において「存在」する

では、意志とは一体何なのでしょうか。國分は、「意志と選択は明確に区別されねばならない」と述べて、「選択」概念との比較において、意志概念の輪郭を明らかにしようと試みています。まず國分は、「選択」概念を、「リンゴを食べる」例を用いながら以下のように説明します。

たとえば私がリンゴを食べたのだとすれば、それはミカンでもスイカでもなくリンゴを選んだのであり、あるいはまた、「リンゴを食べない」という選択肢ではない方の選択肢を選んだのである。（…中略…）世界に満ちあふれているこの事実は、さまざまな要因の総合として現れる。リンゴを食べたのは、身体にビタミンが不足していたからかもしれない。昨晩、おいしそうなリンゴの映像を見たからかもしれない。あるいは、何者かに「リンゴという果物はおいしいよ」と唆されたからかもしれない。（…中略…）とにかく、過去にあったさまざまな、そして数えきれぬほどの要素の影響の総合として、「リンゴを食べる」という選択は現れる。*[15]

國分によれば、選択とは、不断に行われるものであり、この世界に満ちあふれている事実であるという点から、あらゆる行為は選択であると見なされます。また、意志との違いを念頭に置きつつ、選択とは、過去からの帰結としてある事実、として定義されます。そして、次のように、選択が相互作用の結果である点を強調します。

> ある行為が過去からの帰結であるならば、その行為をその行為者の意志によるものと見なすことはできない。その行為はその人によって開始されたものではないからである。たしかにその行為者は何らかの選択はしたのだろう。しかしこの場合、選択は諸々の要素の相互作用の結果として出現したのであって、その行為者が己の意志によって開始したのではないことになる。[*16]

一方、こうした「諸々の要素の相互作用の結果として出現」する選択と対比される、意志概念独特のあり方について、國分は次のように指摘します。

> それは過去からの帰結としてある選択の脇に突然現れて、無理やりにそれを過去から切り離そうとする概念である。しかもこの概念は自然とそこに現れてくるのではない。それは呼び出される。[*17]

＊15　同前書、一三一－一三二頁。
＊16　同前書、一三二頁。
＊17　同前書、一三二頁。

「概念」という言葉への傍点は、國分によるものです。概念という言葉を強調しているのは、それが、人間によってつくられたものだということを強調するためだと考えられます。すなわち、それは、選択のように事実としてではなく、ある条件のもと、つまり人が望んだ時に姿を現すというものだということです。

では、人がどのようなことを望む場合に、意志が姿を現すのかというと、それは「責任を問う」時です。その例を次のように國分は描きます。

「リンゴを食べる」という私の選択の開始地点をどこに見るのかは非常に難しいのであって、基本的にはそれを確定することは不可能である。あまりにも多くの要素がかかわっているからだ。ところがそのリンゴが、実は食べてはいけない果物であったがゆえに、食べてしまったことの責任が問われねばならなくなったとしよう。責任を問うためには、この選択の開始地点を確定しなければならない。その確定のために呼び出されるのが意志という概念である。[*18]

「責任を問う」必要性が生じる状況においてはじめて意志概念が姿を現す、というのが國分の主張です。たとえば、両親を事故で亡くし、夜にアルバイトをしていた苦学生のA君と、夜遅くまでゲームをしていた怠惰なB君の二人の学生が授業中に居眠りしてしまった状況を想定し、教師が居眠りの理由を問うた後に、教師がA君は叱らずに、B君だけを叱ります。なぜなら、教師は居眠りの責任を問うことができるのはB君の場合だけだったからであると、國分は指摘しています。[*19]

居眠りの責任が当人に帰されるのかどうか、その対応の違いを國分は、当人が自分の意志で自由に選択できる状況にあるかどうか、を他者がどう判断するか、によるものとしているのです。そして、責任を負うためには、自分の意志で自由に選択が出来なければならず、責任を負うために人は能動的であるとされ、逆に受動的であらざるを得ない時には、人は責任を負うものと見なされないと、述べています。[*20] つまり、意志は、責任を負う主体と見なしてよい、という判断の後に出現するものである、というのが國分の主張です。

人は能動的であったから責任を負わされるというよりも、責任あるものと見なしてよいと判断されたときに、能動的であったと解釈されるということである。意志を有していたから責任を負わされるのではない。責任を負わせてよいと判断された瞬間に、意志の概念が突如出現する。[*21]

ここで重要なのは、責任概念は、その根拠として行為者の意志を引き合いに出すということです。しかし、その意志概念は曖昧であることに加え、それらとは別の判断に依拠して、責任を帰すかどうかは判断されているということなのです。

＊18 同前書、一三二頁。
＊19 同前書、一二四－一二六頁。
＊20 同前書、一二六頁。
＊21 同前書、一二六頁。

こうして國分は、意志概念を、「過去からの帰結としてある選択の脇に突然現れて」、選択と過去のつながりを切り裂き、「選択の開始地点を私のなかに置こうとする」ものであると指摘します。[*22] つまり、意志とは、無条件に存在するものではなく、ある条件下において、人間によって、あるとされるものと言えます。

また、國分は、意志の絶対的な始まりというあり方について、次のように説明します。

> 選択がそれまでの経緯や周囲の状況、心身の状態など、さまざまな影響のもとで行われるのは、考えてみれば当たり前のことである。ところが抽象的な議論になるとそれが忘れられ、いつの間にやら選択が、絶対的な始まりを前提とする意志にすり替えられてしまう。過去から地続きであって常に不純である他ない選択が、過去から切断された始まりと見なされる純粋な意志に取り違えられてしまうのだ。[*23]

不純であるということが意味することを本稿との関係において理解するならば、さまざまなことが影響している、すなわち自分以外のさまざまな事柄との関係があるということです。しかし、意志によるとすることは、そうした関係する事柄から「切断された」、つまり他の何物とも「関係がない」、純粋なものとして見なされることになります。つまり、行為の絶対的な始まりを宣言することは、その行為に関係するあらゆる出来事との「関係」を「切断する」ことを意味すると言えます。

ここまでの國分の議論を踏まえると、通常、意志によって行為がなされたことを私たちは自発的な活動と呼んでいます。しかし、居眠りの苦学生と怠惰な学生の例から読み取れるように、その行為が意志にもとづいているかどうかは、意志の存在とは関係がなく、責任を問うてよい場合かどうか、という別の判断に依拠していることが明らかになりました。つまり、意志によって行為がなされた、と見なしていること自体が、責任を問う、かつ問うてもよいと判断される、ある特殊な前提を採用しているということです。

関係的に存在する「意志」

意志とは、何であるのか。自発的な活動と呼ばれる時、それは行為の出発点に私の意志があることを示し、行為が個人のものであることを意味します。しかし、先に確認したように、この概念自体は普遍的なものではありません。むしろ、意志自体は、責任との関係においてはじめて呼び出されるものでもありました。つまり、意志は無条件に実体としてモノのように存在するものではないと言えます。

また、同時に、絶対的な始まりを意味するがゆえに、意志概念は、自身の存在可能性を切り崩してしまうような概念だと考えられています。意志を定義した時に、ではその意志とはどこから生まれるのか、という問いが生まれますが、それには原理的に答えられないからです。このことを社会

＊22　同前書、一三二頁。
＊23　同前書、一三三頁。

心理学者の小坂井（二〇二〇）は以下のように指摘しています。

自由意志が存在するとしよう。するとたちまち、それはどこから由来するのかと疑問が湧く。(1)自由意志は他の原因から生ずる、(2)自由意志は原因を持たず、偶然生ずる、(3)自由意志は他に原因を持たず、自らを原因として生ずる三つの解釈が可能だが、どれをとってもアポリアに陥る。[*24]

小坂井は、このように自由意志が実在すると仮定する解釈は、成立可能ではない[*25]と述べ、行為の原因として意志が存在する、このように因果関係の枠組みで理解する発想は、「問いの立て方が間違っている[*26]」と述べています。なぜなら、前記のようなアポリアに陥るからです。

では、意志とは一体何なのか。小坂井は、「意志は各個人の内部に属する実体ではない。社会秩序を維持するために援用される虚構の物語である[*27]」と述べています。つまり、意志が「実体」であることを、否定したうえで、それを社会秩序維持との関係において理解することを主張しています。このことは、意志が、因果関係の枠組みとは異なる文脈、つまり責任を問うという近代特有の文脈によって存在していることを意味しており、このことを小坂井は、次のように説明します。

意志は個人の心理状態でもなければ、脳あるいは身体のどこかに位置づけられる実体でもない。意志とは、ある運動を出来事ではなく行為だとする判断そのものだ。人間存在のあり方を理解する形式が意志と呼ばれるのだ。人間は自由な存在だという社会規範がそこに表明されている。以前に流行った表現を借りるならば、意志はモノでなく、コトとして理解しなければならない。[*28]

つまり、「人間は自由な存在である」、と宣言した近代特有の文脈を前提としたうえでの「行為」を解釈する判断の形式を意味するということです。このように、近代という特殊な前提という固有な文脈とこの文脈に存在する他の概念との関係があってはじめて、意志を理解することができます。このことを哲学者の黒田亘は、「自由意志」にもとづく行為が、他の概念同士とのネットワーク関係にある限りにおいて意味をなすことを、次のように示しています。

要するに、われわれのすること、なすこと、行うことは、物理的、生理的、心理的な現象としてもつ一定不変の特徴のゆえに「行為」と呼ばれるのではない。「行為」の概念は「規範」や「規則」、「責任」や「価値」といった、それぞれ人間理解の枠組みの一角をなす重要概念と密接な関係にある。ある人間的な現象を行為と見なすことは、同時にそれを右のような重要概念のネットワークに入れ、「規則」「価値」「責任」等々の概念の適用対象でもあるものと考えることなのである。[*29]

＊24　小坂井敏晶『増補 責任という虚構』筑摩書房、二〇二〇年、二四一頁。
＊25　詳しくは、同前書、二四二頁を参照。
＊26　同前書、二四三頁。
＊27　同前書、二三四頁。
＊28　同前書、二三八頁。

意志にもとづいて行為が行われるという理解の形式自体がすでに、「規範」や「責任」「価値」などという概念を重要なものであるとする前提を採用していることを意味しており、そうした概念との関係があるからこそ、意志は意味をもつのです。つまり、意志はそれ自体として行為の出発点としての働きをもつわけではないということです。

このことは言い換えるならば、意志を「実体論」的に解釈することから、「関係論」的に解釈することを意味します。私たちが行為を意志によるものとして理解しようとすること自体が、ある関係の総体つまり「近代民主主義社会」に生きているという前提を必要とします。「自由」や「責任」「規範」などの重要な概念と密接な関係をもっていると信じられていることで、はじめて「意志」という概念は意味をもつのです。したがって、このような概念と関係なく、実体として、意志を論じることには無理が生じます[*30]。

ここまで自発的な活動であるということは、どういうことかを考えてきました。それは、行為の出発点を私のなかの意志に置くことを意味していました。しかし、それは事実としてそうであるからではなく、人間の現象を行為と見なす近代特有の理解の形式を私たちが必要としている限りにおいて意味があることです。ある特殊な前提、「社会秩序」や「責任」「価値」という概念との密接な関係をもつ状況においてはじめて意味をもつのが、自発的な活動という概念なのです。

意志概念が、近代特有の理解の形式を意味するものである以上、自由意志を根拠とする独立した個人も同様に、近代特有の人間理解の形式を意味するものだと言えるでしょう。ですから、人間とは何であるかという問いに対して、独立した個人であるということは、事実とは言えません。それは、あくまでも人間とは独立した個人であるという宣言的な意味、つまり「人権」概念が根底にある近代民主主義社会において意味を成すものだと言えるのです。

3　「実体論」から「関係論」へ

ここまで、個体能力主義という文脈の前提の誤謬性を明らかにし、自発的な活動とは人間の事実から導かれるものではなく、近代特有の人間と行為理解の形式という特殊な前提のもと導かれる現象であることを明らかにしてきました。

この批判は、能力や権利、意志、そして人間の存在を実体化して見なす実体論がメタ理論にあることを指摘し、その誤謬性を明らかにする試みでした。それに代わり、こうした概念は、ある特殊

＊29　黒田亘『行為と規範』勁草書房、一九九二年、一一頁。
＊30　本稿では、自由意志は、モノのように実体として存在するのではなく、さまざまな概念との関係のなかで「語られ得るものとして存在する」と見なす立場をとる。つまり、意志が人間の内部に備わるとする実体論は否定するが、意志が関係論的に存在することは否定しない。この立場は、古田徹也による言語の全体論的性格にもとづいて展開された哲学的行為論の議論に依拠している。古田徹也『それは私がしたことなのか――行為の哲学入門』新曜社、二〇一三年、一一七－一二四頁参照。

な前提のもと理解可能になっているにすぎないという主張が展開されました。これは、事物や出来事、そして理解の形式など、あらゆる事柄を歴史や社会的な関係に位置づけて理解しようというメタ理論としての「関係論的な見方」を適用することを意味します。

関係論における「文化的実践」

これまで、「個体能力主義」「自発的な活動」などの概念を関係論的な見方から問い直してきました。では、改めて関係論的に見るとはどういうことでしょうか。私たちが、この関係論的見方を、子どもにかかわる実践において用いるとは何を意味するのかを以下で、確認していきます。

佐伯は、「関係論的発達論」を提案するなかで、私たちが子どもを「見る」ということ自体が「文化的実践」の営みのなかにあると述べ、発達を関係論的に見る、ということを次のように説明しています。

> 発達というのは、望遠鏡で星を観察するように、子どもの行為を「外側」から観察（測定）することで見出されることがらではない。発達にはそれを「見る人」と「見られる人」（通常は子ども）がいる。発達は、その両者の相互関係として立ち現れるコトである。*31

発達が、「『外側』から観察（測定）することで見出されることがらではない」ということは、発達とは、誰が見ても変わらぬ普遍的なものではない、ということです。発達は、常に「見る人」と

「見られる人」との関係があって立ち現れるコトと言われています。つまり、そこには、「見る」私たちの存在によって、何が発達として「見られる」かが、変わるということを意味します。なぜ発達が相互関係として現れるコトと言えるのか、それは私たち人間が「文化的実践」のなかを生きているからです。佐伯は、「文化的実践」を次のように説明します。

人々が「こういうモノ（コト）が善い」、「こういうやり方が望ましい」としていること、ないしは、そのようなことを「模索していること」について、それを味わい、共有し、もっと善くしようと、共同的に営んでいること、そのことを、他の人々に伝え、残し、歴史化しようとしていること、（…中略…）これらの営み全体が「文化的実践」なのである。[*32]

私たちが、子どもの発達を問題にする時、すでにその営みは、「文化的実践」の一部として存在しています。そして、「文化」を佐伯は次のように定義しています。

「己をとりまく文化」と述べているものは、「己をとりまく人々」でもないし、「己をとりまく社会」でもない。己を中心に同心円状に広がる社会、それを超える世界、さらにそれを超える宇宙までを含め、この己が具体的に考慮できる範囲として、己がこれから生きていく世界で出会い、影響され、また影響を

＊31 前掲書（＊9）、八四頁。
＊32 前掲書（＊9）、九四頁。

与える可能性のある世界での「良い生活（well-being）」のありようをさす。*33

「文化」とは、明確な実体として想定されるものではない、と佐伯は述べています。佐伯によれば、文化的実践とは、よりよく生きるために、継承しつつ、創生しつつ、発展しつつ、変容しつつある人々の集合的な営みを特徴づけたものだとされています。つまり、ある特定の範囲の価値観や習慣を「よい」ものと見なして、それを身につけることを文化的実践と呼ぶのではなく、人々が「よいこと」「望ましいこと」とは何かを「訴え」あるいは「模索して」、それを味わい、共有し、もっとよくしようと、共同的に営んでいること、そのことを他の人々に伝えようと、歴史化して残そうとしている、そのような「営み全体」を「文化的実践」と呼んでいるのです。したがって、私たちが生きているこの世界の習慣や規範とされる事柄もすべては過去との関係のなかで吟味を経て生成されてきたものであり、またさらに不断の吟味と問い直しの対象でもあります。

「文化的実践」の「未知性」

「文化的実践」論においては、その「文化的実践」自体、またその関係のなかで生きる人間同士のかかわりは、「未知なる」「よさ」を求めてのかかわりだとされています。佐伯は、この「よさ」が未知なるものであることに注意を促しています。

人々は、〝よさ〟が何であるかを絶えず新たに発見しようとしている故に、〝よさ〟は修正されたり、再評価されたり、「発見」されたりもする。つまり人々は、たがいにそれぞれの〝よさ〟を提供し合いながら、もっと〝よい〟ことを探索し、発見し、それの実現へむけて、新たな試みをしないではいられないとするのである。*34

このように、「よさ」とは未知性を伴っている点から、「文化的実践」とは、文化の「浸透」や「再生産」に限らず、新たな価値の創造へ向けての「変容」を生み出すもとにもなり得ます。関係論においては、関係のなかに生きる存在としての人間観を重要な前提とするとともに、そこでの「人間」あるいは「関係のなか」という言葉は、未知性を伴った〝よさ〟を常に求め続けている存在、あるいは状態を意味しているのです。

佐伯によれば、私たちが発達を見るということは、「子どもに『善くなってもらいたい』という願いをもって見ている」ことであり、また、どうなることが「善くなる」ことかということは、私たちの文化にある程度規定されます。しかし、このことが、未知なるよさを求める文化的実践のなかである限り、「どうなることが善くなることか」については、大人がすべてわかっているわけではな

＊33 石黒広昭・亀田達也（編）『文化と実践――心の本質的社会性を問う』新曜社、二〇一〇年、一七七頁。
＊34 同前書、一八三頁。

いということを踏まえる必要が生まれてきます。つまり、私たちが文化的実践のなかに生きることを前提とするならば、どこまでも未知性を伴うことが必要とされるのです。

したがって、「発達は価値中立的」ではない、と佐伯は次のように述べています。

「発達」というのは、植物の生長のような生物学的な生長とは異なり、子どもをとりまく文化の価値観と深くかかわっていることがわかる。つまり、「発達」というのは、「価値中立的」なものではなく、もともと、文化的価値づけの中にある。*35

私たちは、この世に生を受けた瞬間からすでにある文化的実践のなかにいます。そして、その実践とはあくまでも未知性と共にあり、生成的・発展的に動き続けているものであることに自覚的である必要があります。このことが求められる理由を佐伯は以下のように説明しています。

わたしたちはまったく知らず知らずのうちにでも、特定の価値観で子どもの発達を見てしまっているということであり、子どもの側も、いつのまにか、そのような特定の価値観に自分から染まっていく傾向があるということを自覚し、むしろ、わたしたちは、意図的に特定の価値観を押しつけることに対しては敏感になって、十分警戒すべきであろう。なぜなら、「善さ」が既知であるとしたとたんに、文化はその生成的・発展的な力を失い、形骸化して衰退してしまうことは、過去の歴史が明確に示していることだからである。*36

これまでの議論において示されたのは、遊びを自発的な活動と見なす時、私たちが特定の価値観、特殊な前提のもとで、子どもあるいは出来事を見てしまっている、にもかかわらず、そのことに気づくことなく、所与の前提としてしまっていることでした。つまり、近代特有の枠組みを通して、目の前の出来事を眺めている結果、それが自発的な活動に見えているということです。また、その見方が可能なのは、私たち自身がすでに、先人たちの歴史を継承し、共有しているからなのです。

本稿において、これまでの遊び概念とその文脈について、批判的検討を加えてきたのは、自由な意志をもった個人や、能力、権利という概念が、あまりにも当たり前になってしまっているがゆえに、それを事実として実体視してしまう危険性が存在することを指摘するためでした。しかし、それはあくまでも特殊な前提のもと、生み出された概念同士の関係があり、具体的な状況があってはじめて、意志や個人、能力があるとされるにすぎない、あくまでも一つの見方であるということです。

このように、過去の文脈あるいは現在、未来の状況との関係において、私、あるいは物事の捉え方も存在しています。この当たり前、しかし、忘れられてしまう事実に目を向けることが関係論的見方を用いることだと言えるのではないでしょうか。

むしろ、子どもに向かうわたしたちは、狭い、固定的な価値観にとらわれることなく、「人間らしさ」

＊35　前掲書（＊9）、八五頁。
＊36　同前書、八六頁。

とはどういうことかといったような、さまざまな社会や文化を越えて、人間として本当に大切なことを大人自らが追求し、そういう大きな、未知なる未来の文化の営みに、子どもをその成員として参加させていく、という考え方をしなければならない。*37

関係論的見方の前提として、あらゆる文化を実体として見ないことがあります。それは、どのような文化も吟味や問い直しの過程にあり、生成、発展の途上にある「文化的実践」のなかにあるという認識を意味します。これが、未知性を伴うということであり、またそれは、その文化のなかに生きる私たちが、「よさ」を求めずにはいられない存在であるということから導かれているのです。

関係論的に「行為」を捉える

これまでの議論において、自発的な活動とは、行為を私のなかの意志によるものとする理解の形式であり、それはある特殊な前提、文脈のもと成り立っているにすぎないということが明らかになりました。では、この「行為」を関係論的に捉える見方は、どのような見方なのでしょうか。

佐伯は、関係論的に行為を見ることと、実体論的に見ることの違いを、「一人で遊んでいる」子どもをどのように理解するか、という例を用いて説明しています。まず、関係論的に見るとは、その事態が「どのような関係のなかで立ち現れているのか」を考えることとされています。

・もしかすると、この子どもは他の子どもたちに「仲間に入れてもらえない」結果、「一人で遊ぶ」ことになっているのかもしれない。

・もしかすると、この子どもは、他者のまなざしにさらされることのつらさから逃れるため、誰からも「期待」も「非難」も「要求」もされない空間（隙間的空間）で、自らをとりもどすために、一人でいるのかもしれない。

・もしかしたら、この子どもは、保育者が自分のところに来てくれるのを期待し、待っていることを、「一人で遊んでいる」ことで訴えているのかもしれない。

・もしかしたら、この子どもは、「砂」がさまざまな形をつくり出すことの喜び、そのさわった感触の心地よさを、一人で思う存分楽しんでいるのかもしれない。[*38]

佐伯は、このように、「一人で遊んでいる」という行為をどのように位置づけるかの可能性を複数示し、そのうえで、その行為がどのように理解されるかは、周囲との「関係で決まる」と述べます。

これ以外にもさまざまな可能性があるだろう。そしてこれらの可能性のいずれかであるかは、これまでのその子どもをとりまく周囲の状況、過去の出来事、活動の流れなどとの関係で決まることである。[*39]

＊37　同前書、八六頁。
＊38　同前書、九六頁。
＊39　同前書、九六頁。

これに対して、関係論的ではない見方では、心のなかにその行為の原因を求め、「説明」しがちであるとして、警鐘を鳴らします。

・「あの子が〇〇するのは、ほんとうは△△したいからだ」。
・「あの子が〇〇しないのは、ほんとうは△△をしたくないからだ」。
・「あの子が〇〇するのは、××が□□だと思っているからだろう[*40]」。

しかし、このように、「子どもの『心の中』の解釈をしても、実際には子どもはまるで『別のこと』を考えてやっていることが多い[*41]」にもかかわらず、原因を探そうと心のなかを見ようとすることで、原因でないものを原因として見てしまうことにつながると、佐伯は指摘します。

ここで注意したいのは、心のなかを見ようとしている時、行為には何かしら説明のつく原因があるに違いない、そのような物事の理解に対する枠組みがすでに前提となっていることです。つまり、行為の原因を求めて理解しようとする、つまり「解釈する」そのこと自体がある枠組みを前提とした「行為」なのです。

しかし、誰もが経験的に理解できることだと思いますが、人には、自分自身でも説明がつかない行動をとってしまう時があります。なぜなら、ある行為とは、とりまく周囲の状況、過去の出来事、活動の流れなどとの関係で決まることであり、本人の思いや心的特性によるというよりも、諸般の事情によって、そう振る舞わざるを得ないことがあるからです。そして、そうした事情は「本人や周りの人間にもわからない」ことが多いし、たとえある程度はわかっても、言葉にできるとは限らないと、佐伯は述べます。

実体論的に見ることは、行為という結果にはどこかに原因があるはずだ、という因果論を前提に行為を理解してしまうこととも言えます。しかし、そのように見てしまうと、原因でないものを原因として見てしまうし、見られている当人も、原因をでっちあげてしまう危険性があるのです。そうではなく、関係論はあくまでも行為の理解についても未知性が伴うという立場をとります。説明がつかないということを認めるということは、既知の理解の枠組みに無理やり押し込めないことを意味するのです。

関係論的見方において、ある行為について理解しようとするということは、子ども「を」見るのではなく、子ども「から」周辺状況を見ることを意味している、と佐伯は以下のように述べます。

わたしたちは、子どもが一刻一刻「どう思ったか」をさぐるのではなく、子どもにはなにがどう見えているのか、どういう活動の流れの中にいるのか、どういう人々のどのような「まなざし」の中にいるのかという、子どもの「周辺状況」を明らかにするのである。[*42]

＊40　同前書、九七頁。
＊41　同前書、九七頁。
＊42　同前書、九八頁。

ここまでの議論で明らかになったことは、近代特有の思考枠組みを所与の前提としてしまっている私たち大人が、子どものある行為を「見る」時、それが自発的な活動として立ち現れてくるということです。言い換えると、遊びが自発的な活動とされてきたのは、行為という結果を意志という原因に依るものと理解する大人の「まなざし」があったからだと言えるでしょう。「行為」には先立つ意志が存在するという前提を意識的にもしくは無意識的に採用することから、私たちは、遊びを意志によるものと「解釈」していたのでしょう。しかし、「いいこと思いつく」子どもの立場から見たならば、そのまなざし自体は、あくまでも特殊な前提によるものと言わざるを得ません。子どもたちは、自分の意志に関係なく「いいこと思いついて」しまうからです。

したがって、遊びは自発的な活動であるということは、ある特殊な見方の一つであるということが明らかになりました。次章では、この関係論的見方をもとに、自発的な活動としての遊びとは異なる遊びの意味を考察することを試みます。

第4章 中動態と関係論の関係

矢野勇樹

前章では、遊びを自発的な活動とする文脈と、自発的な活動という概念自体が、ある特殊な思考枠組みによるものであることを明らかにし、「遊びとは自発的な活動である」という命題は、遊びの根源的な意味というより、ある一つの見方であるということを明らかにしました。

本章の目的は、前章までの議論を踏まえて、「遊びとは何か」を改めて問い直し、自発的な活動とは異なる展望を開くことです。そのために、第一節では、まずは遊びを自発的な活動とは異なる枠組み、つまり「中間的な意味」において遊びを理解しようとしたガダマーと西村それぞれの論考を取り上げ、その主張と限界を指摘します。次に、この中間的な意味を近代の思考枠組みとの対比でより根底的に問い直そうとしたのが中動態研究であることを示し、中間的な意味と中動態研究の相違点を明らかにし、中動態研究が遊びへの理解の新たな展望を開くうえで重要な手がかりとなることを示します。第二節では、その結果見えてきた中動態研究の成果、つまり中動態の特徴を示し、中動態を思考の枠組みとして用いることが、遊び概念のなかに「いいこと思いつく」ことを位置づけるうえで、必要であることを示します。第三節では、中動態が、関係論と相補的関係性にあることを示します。つまり、中動態は関係論的見方を用いることで初めて理解可能になり、かつ中動態が関係論の表現媒体であることを明らかにします。

1　中間的な意味とは何か

思考枠組みの相対化

まず、遊びとは何か、この主題に取り組むうえで、ガダマーの論を取り上げる必要性を示しましょう。ガダマーは『真理と方法Ⅰ』において、芸術の存在論的解明を目的としています。そのことは一体何を意味するのか。ガダマーは自身が「哲学的解釈学」という表現によって為そうと意図していることを次のように述べています。

> 昔の解釈学が目指していたような理解の〈技法論〉を作ることは、私の意図することではなかった。（…中略…）要するに問題となっているのは、われわれがなにをしているかということでもなければ、われわれがなにをすべきであるかということでもなく、われわれの意志や行為を超えて、実際にわれわれに起きていることはどのようなことであるのかという点なのである。[*1]

ガダマーにとっては、どのように理解すべきか、という理解の方法を問うことが主眼なのではなく、何が実際に起きているのか、どのように事物が存在しているのか、つまり、本稿の文脈に引きつけるならば、「いいこと思いつき」遊ぶ子どもにとって、その状況とはどのように存在しているのか、いいこと思いつくということを根本的に規定しているものは何か、そのような存在論的な問いが問題とされています。

私が本書で立てた問いは、むしろ、こうした方法論争によって覆い隠され、見誤られてきたものを明らかにして、意識化することを目標としている。近代自然科学にとっての限界がどこにあるかではなく、そうした自然科学に先行しており、むしろそれを可能にしているものが何であるかを明らかにし、意識化するためなのである。*2

本稿が、ガダマーを出発点とする必要性はこの点にあります。なぜなら、ガダマーが「哲学的解釈学」と表現する方法によって行おうとしてきたことは、近代の思考枠組みをそれ自体相対的な枠組みとして意識化しようとする試みであり、本稿でこれまで言及してきたように、近代の枠組み自

＊1　Hans-Georg Gadamer (1975). *Wahrheit und Methode: Grundzüge einer philosophischen Hermeneutik*. Mohr Siebeck.（轡田收・麻生建・三島憲一・北川東子・我田広之・大石紀一郎（訳）『真理と方法Ⅰ』法政大学出版局、一九八六年、ix－x頁。）

＊2　同前書、xi頁。

体がある特殊な前提を採用している事実を明らかにしようとすることと、同様の試みであると言えるからです。したがって、以下では、ガダマーが遊びとは何かという問いにどのように応えようとしたのかを見ていきます。

ガダマーによる「中間的な意味」

「遊び」とは何か、この問いに対して、まずガダマーが強調したのは、それが「遊ぶものの主観的反省に期待しても得られるものではない」ということです。

われわれが芸術の経験との関連で遊びについて語る場合、その遊びとは創作者ないし享受者の態度ないし心の状態などを指しているのでもなければ、あるいは遊びの中で働いている主観性の自由のことなどでもなく、芸術作品そのもののありようを意味しているのである。[*3]

ガダマーは、遊びそのものの本質への問いは、「遊びそのものと遊ぶ者の態度を区別して」、「遊ぶものの主観的反省に期待してえられるものではない」とし、「遊びのありようそのもの」に向かっていかなければならないと、指摘しています。[*4] なぜガダマーが遊びを問題とするのかは、遊びが次のような様態を示すからだとされています。

遊びは独特の存在であり、それは遊ぶ者の意識から独立したものだからである。遊びは、主体自身が、遊ぶということを特に意識化してその地平を設定しない場合、また意識的に遊ぶという態度をとる主体がまったくない場合においても、いやそれどころかまさにその場合にこそ、存在するのである。[*5]

このガダマーの言明は、「いいこと思いついた」という経験的な事実とも合致します。なぜなら、思いつこうという意識をしていることが逆に、「思いつく」という事態の妨げになっている場合もあり、そうした主観的な態度から離れた時にこそ、「いいこと思いつく」という現象は生まれるからです。「没頭」や「夢中」といった我を忘れるニュアンスを指し示す言葉が、しばしば遊んでいる状態を形容する言葉として選ばれるように、自分の主観的な態度から離れた時にこそ、その人は遊んでいるというのは、重要な指摘です。

次に、ガダマーは、言語的な考察を手がかりに、遊びの意味に迫っていきます。ガダマーは、まず遊びという言葉の用法を確認し、「どこで終わるのか目標のはっきりしない、当てどのない往復運動」として、遊びの中心的な意味を次のように述べています（傍線は、筆者による）。

当てどのない往復運動は、明らかに遊びの本質にとって中心的な意味をもっており、そこでは誰が、あ

＊3　同前書、一四五頁。
＊4　同前書、一四六－一四七頁。
＊5　同前書、一四七頁。

るいはなにが、この運動を遂行しているのかはどうでもよい。遊びの運動そのものは、いわばそれを担う基体を欠いたものである。それは演じられ、あるいは起こるものであり、そこでは遊んでいる主体を確定することはできない。[*6]

ガダマーは、このように遊びが主体の意識によるものではない、つまり、遊びとは、遊ぶという意識的な態度をしている主体があって、その結果遊びが行われるというようなものではなく、最も根源的な意味として「中間的な意味」であると、指摘しています。[*7]

この中間的な意味、とガダマーが述べたのは、言語的な考察から導かれたものです。なぜなら、ガダマーはドイツ語の用法である「中間構文」として遊びが用いられることを意識しているからです。中間構文とは、ドイツ語言語学者の吉田（二〇〇二）によれば、次の特徴をもつこととされます。

(1)表層の主語は文法上の目的語である、(2)論理的主語は現れない――という点で一致している。この二つの性質は受動態と似ているが、動詞形態はむしろ能動態に近い。中間構文の名前はこの中間的な特徴に由来する。[*8]

つまり、文法的には主語をとるが、論理的には主語が存在しない、そういう構文を指します。ガダマーは、遊びを理解する際に、こうした言語的な事実とは異なった形、つまり普段私たちが慣れ親しんだ様式で、遊びが理解されてしまっていることを、以下のように問題にするのです。

言語的には、遊びの本来の主体は、明らかに他のさまざまな実行行為のひとつとして遊びという行為をもしている者の主体性ではなく、遊びそのものなのである。われわれは遊びのような現象を主体性とそれがとる態度に関係づけるのに慣れ、その結果言語の本性によるこのような暗示に対して目を閉ざしてしまっているのである。*9

このように、ガダマーは、近代以降の世界に生きる私たちにとって慣れ親しんでいる、主体と行為を結び付ける試み（これすなわち自発的な活動を意味します）を明確に否定します。ガダマーはこのように言語的な事実に目を向けることで、遊びの根源的な意味である「中間的な意味」を引き出すに至りました。この見解を引き継ぎ、この「中間的な意味」を深めようと試みたのが、美学研究者の西村清和です。次項では、まず、西村の議論を検討しその限界を指摘したのちに、ガダマーと同じく言語学的な事実から行為や芸術の意味に迫る中動態研究へと議論を接続します。

＊6　同前書、一四八頁。
＊7　同前書、一四八－一四九頁。
＊8　吉田光演「ドイツ語中間構文のアスペクトと項構造」『独文研究室報』第一七号、二〇〇二年、一三五－一五〇頁。
＊9　前掲書（＊1）、一四九頁。

「中間的な意味」の限界

西村は、ガダマーによる「中間的な意味」を遊びの根源的な意味と解釈し、遊びを研究しました。西村もガダマーと同様に、遊びを意味するさまざまな言語の特徴を分析したうえで、遊びを分析するにあたっては、「軽快に動揺し、ゆきつもどりつ徘徊する、あてどなく自在な往還運動[*10]」を出発点とすることを明らかにしています。

西村は、日本語の「遊びがある」という言葉の用法に着目し、たとえば、歯車の間の「遊び」、人生には「遊びがないといけない」、梁の間に「遊び」があると言った用例をもとに、次のように、中間的な意味を独自に解釈しています。

「遊びがある」とは、それゆえ、一方で、そこで遊びが生じる余地と、他方で、この余地の内部であてどなくゆれ動く、往還の反復の振り、すなわち、現象ないし行動がとる遊びという様態とが存在することである。[*11]

西村はこのように、ある限られた範囲を想定し、その空間内に揺れ動くことが可能な余地があることを「遊びがある」としたうえで、この遊びの隙を「遊隙《ゆうげき》」と名付けています。その内部に生じる、振りの様態を「遊動」と名づけて、次のように説明します。

遊隙とは、あらかじめ静力学的に算定され、しっかりと固定された構築物の、誤謬を許さない安定した秩序の一義性にくらべて、ひとつの未決定で不安定で自在な余裕であり、遊動とは、その内部に生じる、算定不能な多義性である。[*12]

次に西村は、遊びとはあくまでも「わたし」と対象の間に生まれるものであることを強調しています。たとえば、風に吹かれゆく柳の枝の遊びや、さざなみに反射してきらきらと戯れる光の遊び、はね上がっては落ちてくる鍵束の遊びなどの例をあげ、「ほんとうのところ、柳の枝やさざなみや光が、また関節や鍵束が『遊ぶ』のだろうか」と、問いかけ、その問いに自ら、「風や光、とんびや魚は、厳密な意味では決して遊び手ではない」、と応え、あてどなく自在な遊動を見て、これをたのしんでいる「ほかならぬこのわたし」こそが、遊び手であると、述べています。[*13]

西村は、ある運動が「遊動」であることの根拠は、「わたし」という存在にあると次のように述べます（傍線は、筆者による）。

それぞれに原因をもち、目的をもっており、それゆえ、それ自体としては遊びではないこれらの活動

＊10　西村清和『遊びの現象学』勁草書房、一九八九年、二一三頁。
＊11　同前書、二一四－二一五頁。
＊12　同前書、二一五頁。
＊13　同前書、二一五－二一六頁。

を、あてどない往還運動として、いわばおのずから生じた自在な遊動と見るわたしの目の独自のふるまい、ある現象をうけとめるさいの、わたしの独特の身構え、つまりは、この現象に関与するわたしの独特の活動こそが、この運動、この現象を遊動となしたのである。*14

西村は、このように遊び手のある独特の「関与」によって、遊動が現出し、遊びが生じると述べます。そしてその遊びとは、「わたし」と「事物」との間に生じた、「ある独特の関係」であり、両者が位置する「独特の状況」であるとしているのです。

西村は、この意味での、「わたし」が「関与する」ということは、「主体としてのわれわれが、ひとつの明確な意図のもとに、客体としての事物に手をのばし、これを手に『もつ―もちいる』、通常の関与とは、ことなったかかわりかたが認められる」と、指摘しています。*15

そして、遊びを「遊戯関係」であるとし次のように定義しています。

遊びとは、ある特定の活動であるよりも、ひとつの関係であり、この関係に立つものの、ある独特のありかた、存在様態であり、存在状況である。それは、ものとわたしのあいだで、いずれが主体とも客体ともわかちがたく、つかずはなれずゆきつもどりつする遊動のパトス的関係である。いまわれわれは、この独特の存在関係を、とくに「遊戯関係」と呼ぼうと思う。*16

西村もガダマーと同様に、中間的な意味に目を向けていました。西村は、ガダマーと同様に、活動の主体がだれであり、何がこの「遊戯運動の原因」となるかは、「どうでもよい」こととしたうえで、それゆえ、遊びは常に遊びそのものによって生じるために、遊び手は常に遊ばれるのである、と指摘しています。[*17]

ここまでの西村の議論を踏まえると、ガダマーは、あくまでも主体の意識と行為を結び付ける解釈を否定し、そうした意識によらない行為として遊びを理解することを強調しました。それに対して、西村は、ガダマーと同様に、主体の意識によらないという点を強調しながらもさらに、遊びが、「ある独特の遊戯関係」である、という見解を主張します。ガダマーの見解に「独特な関係」であるということを付け加えたのです。遊びとは、ある独特な「主客わかちがたい」「関係」であり、「状況」であるということです。

ここで注意したいのは、西村が、わたしがある「独特のしかた」で「関与する」ことによって、生じる「関係」を「遊戯関係」と呼んだことです。しかし、ここで疑問なのは、「いいこと思いつく」は、わたしが「関与する」ことによって生じたことなのでしょうか。

確かに西村は、その関与とは、主観的意識によるものではないと述べています。しかし、なお関

＊14　同前書、二六頁。
＊15　同前書、二九頁。
＊16　同前書、三一―三二頁。
＊17　同前書、三二頁。

与することが前提となって議論を展開する限り、この「独特な関与」とは何か、という疑問が浮かびます。しかし、西村はその独特な関与とは何かという問いには答えていません。結果的に生じた「独特な関係」に対して、その発生原因を定立するために、「独特な関与」があったと見なしている、そのように見受けられます。

ガダマー、西村は、共に、ある二者を前提にその間の関係の様態を問題としています。「往還運動」という表現から明らかなように、中間的な意味で考察されることはあくまでも、ある二者、「わたし」と「もの」など、関係に先立つ項を前提としているのです。そして、あくまでも関係に先立って「わたし」が存在するということなのです。わたしがある対象と独特の関係を結ぶ、つまり、関係があってわたしが存在するのではなく、わたしが存在してその後、関係が結ばれる、そのように理解されていると言えます。

これは前章までに指摘した、実体論的に「わたし」を捉えていることと言えるのではないでしょうか。「わたし」の存在を実体として前提とし、関係を関与によって生ずるものと理解するならば、「その関与とは何か」が問題にならざるを得ません。しかし、「その関与とは何か」は明らかになっていないのです。この問題とは、「主体―客体」の存在を前提とし、その両者が関与し合う、という議論自体の限界を示していると言えるのではないでしょうか。

「中間的な意味」から「中動態」研究へ

ガダマー、西村は、言語学的な考察としての事実から出発し、遊びを人間の主観的な意識によるものでないとする点においては、重要な事実を提起したと考えられます。しかし、その議論の前提には、関係に先立つ二者が存在する、「わたし」という存在が実体論的に仮定されています。この前提がある限り、ある独特な関係が遊びであるという主張が受け入れられるとしても、それが「関与する」ことによって生まれるとされるならば、それはどのような関与かと問わざるを得なくなってしまうのです。

この問題を解く手がかりとなるのは、前の章でも述べたように、森田亜紀や國分功一郎による「中動態」というインド＝ヨーロッパ言語の文法の態に関する研究です。ガダマーが言語的な考察から出発したことと同じように、森田や國分による「中動態」研究も、「中動態」という文法の態を言語的な範疇にとどまらず、思考の枠組みとして用いることを試みています。

ガダマー、西村の論じた中間的な意味についての研究と、中動態研究は、「能動―受動」「主体―客体」の区別の妥当性を問い直す方向性を共有しています。しかし、そこには明確な違いがあります。それは、中間的な意味に関する研究は、二項対立の区別を前提とし、その主体と客体の意味合い、結ばれる関係性の異なる解釈を引き出すことを試みていたのに対し、中動態研究は、その区別自体の前提を問い直すことを試みていることです。以下で、この違いを明らかにし、「中間的な意味」の限界と、「中動態」を考察することで得られる可能性を指摘します。

まず、芸術体験のありようを中動態を用いて考察することを試みる森田（二〇一三）[*18]は、メルロ＝ポンティ研究の途上で、中動態に出合うことになったと述べます。そして、前期と後期のメルロ＝ポンティ哲学の違いとは、後期においては、「現象学」の枠組み、「主体―客体」の図式を捨てたことにある、と次のように指摘しています。

前期であれ後期であれ、彼が言い当てたかった知覚は、主体と客体の差し向かいから出発するのではない知覚、主体の対象へのはたらきかけではない知覚、主体によって一方的に引き起こされるのではない知覚、とりわけ後期ではっきりしてくるが、主体や客体という項に先立って、まずおのずと生じてくる知覚である。（…中略…）メルロ＝ポンティは自分の母語のもつ sujet-objet の枠組に逆らって（時にはそれに足をすくわれながらも）、自分の言わんとする知覚のあり方を示そうとしたのだと言えよう。特に後期では、前期に引きずっていた sujet-objet 図式からの離脱が、彼にとっての重要問題となるのだから。[*19]

ところで西村は、『遊びの現象学』というタイトルに現れているように、この主体―客体図式という現象学の枠組みを必須の前提としていたと言えるのではないでしょうか。西村は、ガダマーの提示した遊びの中間的な意味という主題を引き継いで、「遊動」と「遊隙」そして、「遊戯関係」という概念の提示により、「主体―客体」の通常とは異なる独特の存在関係を提示しようとしました。確かに、それは「主体」の異なるありようを示し、「主体―客体」の従来と異なる独特の関係性を提示したと言えます。

しかし、先にも指摘したように、そこでは、依然として、関係に先立ち、「主体」と「客体」は存在しているという前提は共有されたままなのです。つまり、「主体―客体」が関係に先立ち存在するという前提自体は問い直されていません。

森田は、メルロ＝ポンティが言い表したかった知覚とは、この主体―客体の図式を乗り越えた先にある知覚だったのではないか、と「見える」という語を主題として次のように指摘します。

「私は空の青を見る」ではなく、「空の青が見える」ということ、「私は山を見た」ではなく、「山が見えた」ということを、メルロ＝ポンティは言いたかったのではないか。メルロ＝ポンティが根源的と考える知覚（この場合、視覚で考えられている）には、日本語でなら、「見る」ではなく、「見える」がふさわしいのではないかと思われてくる。[*20]

さらに、森田は、「見る」と「見える」を区別した時に、そこには「作為的―無作為的・自然発生的」という区別が見出せることを指摘し、「見える」という語によって、「主体―客体、能動―受動

＊18　森田亜紀『芸術の中動態――受容／制作の基層』萌書房、二〇一三年。
＊19　同前書、七―八頁。
＊20　同前書、八頁。

を超えた自然な展開、おのずからの成り行き、自然発生性・自発性」が、わかりやすくなる、と述べています。そして、メルロ＝ポンティが問題にしている知覚とは、「特に自然発生性という点で、『見える』ということとして考えることができるだろう」[*21]、と述べています。

そして、森田はこの自然発生性を備える「見える」ということをどのように理解するかを主題として扱う時に陥りがちな誤りを以下のように指摘しています。

自然展開的であることと、受動的であることとは、能動的ならざることとして、しばしば混同される。能動―受動という二者択一の枠組で見る限り、能動でなければすなわち受動なのである。（…中略…）しかし、能動的―受動的という対立と、作為的―自然的という対立とは、元来全く次元が異なっている。[*22]

森田は、「能動的―受動的」の対立は、名詞によって示される項（＝基体）の存在を前提として、項に視点を置く言い方であるのに対して、「作為的―自然的」という対立は、動詞によって表される事態・状態の成立の仕方に関する区別だと、指摘しています。また、確かに、「作為的」な場合には、事態や状態の発生した時点で、項に遡って問題を還元することが可能です。しかし、自然的である場合は、そのようにはいかず、事態・状態の成立は、項と項との関係に分解しきれない、分解せずに丸ごと捉えるしかない、と指摘しているのです。

そして、以下のように、後期メルロ＝ポンティにおける「見える」ことの探求を、現象学の枠組みの乗り越えを図る研究として位置づけています。

メルロ=ポンティの「見える」ということへの注目は、項を先に立てる発想からの離脱、項を基本として項と項との外的関係でのみ物事を考えるやり方の乗り越えともつながることがわかる。さらに言えばこれは、項の自己同一性（identité）や実体性（positivité）の否定ともつながっている。*23

そして、森田は、そこからメルロ=ポンティが知覚体験を代名動詞すなわち〈再帰代名詞+他動詞〉で表現しようとしていた点と、それらが「インド=ヨーロッパ基語の中動動詞」に対応することから、中動態という文法の態への研究をこの自然発生的な「見える」体験の考察の手がかりとする、と述べています。

ここまで森田による中動態研究がどのような問題意識のもとに成り立っているかを見てきました。そこで明らかになったのが、ガダマーや西村によって行われた中間的な意味に関する研究との相違点です。「中間的な意味」は、「主体—客体」図式の意味を問い直そうとしましたが、それ自体の成立前提を問うまでには至っていません。しかし、「中動態研究」は、その区分が成立していること自体の自明性を問い直すことを試みています。

＊21　同前書、一〇頁。
＊22　同前書、一〇頁。
＊23　同前書、一一頁。

ここまでの森田の指摘は、本稿において重要な意味をもちます。なぜなら、先に確認してきたように、遊びが自発的な活動と見なされ、それが受け入れられてきた論理とは、まさしく森田の述べる、陥りがちな誤り、つまり、本来「作為的―自然的」という次元で捉えるべき事柄を、「能動的―受動的」の次元で捉えてしまうことであったと言えるからです。

遊びは次のような理路で、自発的な活動と見なされていました。遊びを、決して「強制によるものとは言えない」と仮定し、さらに「能動的―受動的」という二項対立が前提となったうえで、「強制、つまり受動的とは言えないのだから、その逆である自発的つまり能動的な行為だ」という形で、遊びは自発的な活動とされてきたのです。しかし、この論理の前提にある、「能動的―受動的」の二項対立の図式のみが、ある現象を理解する方法ではない、ということを森田は指摘しています。この点が、本稿の議論において、中動態研究を参照すべき理由なのです。つまり、遊びとは、自発的な活動としか言えないわけではない、ということを明らかにし、異なる見方を可能にするのです。

したがって、「中動態研究」は、「中間的な意味」の問題意識を深めつつ、さらにそれを深化させようとする研究であるゆえに、「遊び」の異なる見方を切り開いていくためには、「中動態」研究を踏まえる必要があると言えるのです。

2　中動態とは何か

前節では、ガダマーや西村による遊びの中間的な意味の考察と、森田による中動態研究の相違点を比較検討しました。そこから明らかになったのは、中間的な意味が前提としていた、主体―客体の区分自体を前提としない思考の枠組みを問題とするのが、中動態研究であるということです。つまり、中動態研究は、主体の意志によらない行為の探求という点で、中間的な意味の主題をさらに推し進めています。そのため、遊びの異なる見方を問うためには、中動態研究を紐解く必要があるのです。したがって、本節では、中動態の文法の態の歴史と意味、またその特徴を明らかにします。

中動態の歴史

自発的な活動が、能動―受動カテゴリーを前提としていることを述べ、しかしその区別は普遍的ではないことを先に指摘しました。なぜなら、能動―受動カテゴリーに先立ち、能動―中動カテゴリーが存在していたからです。その能動―中動カテゴリーにおける中動とは、以下で説明する「中動態」のことを意味しています。

「中動態」（the middle voice）とは、インド＝ヨーロッパ言語の態の一つであり、古代ギリシャ語や、サンスクリット語に明確な形で見られる文法の態を意味します。今日では、「能動態」は「受動態」との対置によって区別されますが、フランスの言語学者エミール・バンヴェニスト（Émile Benveniste, 1902-1976）は、中動態が歴史的に受動態よりも先行して存在した事実を指摘しています。

進化の両端を取れば、能動態の動詞形が、はじめは中動形に対立し、のちには受動形に対立しているのが見られる。これら二つの型の対立において我々の問題になっているのは、相異なる範疇であって、《能動》という両者に共通の用語にしても、《中動》と対立したときには、《受動》に対立したときと同じ意味をもつことはあり得ないのである。[*24]

ここでは、二つのことを指摘する必要があります。一つは、歴史的に中動態が受動態の発生に先行しており、能動態と対立する形で定義されていたこと。もう一つは、中動態と対置されている時の能動態と、受動態と対置されている時の能動態では同じ能動態でも意味が異なることです。つまり、中動態が歴史的に受動態に先行し、徐々に受動態へと置き換わっていったのであり、また、その過程と同じく、中動態と対置して定義されていた能動態が受動態との対置によって定義されることでその意味内容が変容していった事実が指摘されています。

「能動―中動カテゴリー」における「能動態」と「中動態」の意味

受動態との対置において定義される能動態は、「される」に対しての「する」を意味しています。では、中動態と対置される能動態、また中動態とはどのような意味なのでしょうか。その意味を把握するために、まずは、バンヴェニストが採用する、能動態のみ、中動態のみ、そしてその両方を取る動詞を確認します。

1　能動態のみの動詞
在る、行く、流れる、曲げる、食べる

2　中動態のみの動詞
生まれる、寝ている、座っている、耐え忍ぶ、話す

3　能動態も中動態ももつ動詞
能動態：彼は〈司法官として〉判決を下す
中動態：彼は〈原告として〉訴訟を起こす[*25]

バンヴェニストは、このような例を比較検討した結果、次のように、能動態と中動態の区別を表しています。

＊24　Émile Benveniste (1966). *Problèmes de linguistique générale*. Éditions Gallimard.（岸本通夫（監訳）『一般言語学の諸問題』みすず書房、一九八三年、一六六頁。）
＊25　同前書、一六九頁。

能動態においては、動詞は主辞に発して、主辞の外で行われる過程を示す。これとの対立によって定義されるべき態であるところの中動態では、動詞は主辞がその過程の座であるような過程を示し、主辞の表すその主体は、その過程の内部にある。[*26]

つまり、能動―受動の区別が、「誰がするのか、されるのか」という具合に、動作の方向性を問うのに対して、能動―中動の区別は、主語が過程の「外にあるか内にあるか」を問うのです。

たとえば、「産まれる」という行為を例にとると中動態の性格がより明確になります。「能動―受動カテゴリー」を前提とし、子どもが「産まれる」ことを能動か受動かに区別しようとすることは困難を伴います。なぜなら、「子どもが産まれる」という時、子どもは「受動」だとされ、「母が子どもを産む」のであるから、母が「能動」だとされます。しかし、母が行為の出発点となり、その行為つまり、「産む」ということを完全にコントロールできるかといったらそうではないのです。また、子どもが受動であり、その状態が常に母の行為によって左右されるかというと、そうとは言えません。なぜなら、むしろ子どもの頭の位置によって、難産もあり得るしいつ産まれるかもわからない、という具合に、子どもがその事態に影響を与えている側面もあると言えます。そこでは、必ず能動の位置にある主体の意志が、行為のプロセスを進めるわけではありません。意志せずとも産まれてしまう事態、意志しても産まれてこない事態の両方が考えられるのです。

このように、「能動―受動カテゴリー」を前提としたうえで、理解しようとすると困難が伴うのに対し、主語が過程の内側にいるか、外側にいるかを区別する「能動―中動カテゴリー」で理解するとその意味するところが明らかになります。

「産まれる」は、中動態の動詞です。「子どもが」生まれる。「母が」産む。子どもと母もどちらも、「産まれる」あるいは「産む」ことの主語となりえます。また、中動態は、その主語が動詞の過程の内側か外側かを問います。「子ども」も「母」もどちらも中動態の動詞の主語でありうるために、産まれる・産むという過程の内側にいると言えます。では、「過程の内側」にいるとはどういう意味でしょうか。

「産む」母も「生まれる」子どもも、共にその動詞の行われる「場所」であるとともに、「産む」という過程のなかに巻き込まれ、変容を余儀なくされています。過程の外側にいて、影響を受けずにいる、そのような主体ではないのです。産まれるという動詞の過程は、母と子の両方に影響を与えています。過程の内側にいるということは、その過程の進展に応じて、変容を余儀なくされるということを意味しています。中動態とは、そのような主語と動詞の関係を表しているのです。

では、逆に中動態に対置される場合の能動態の意味とは何でしょうか。動詞は主語に発するが主語の外で行われる過程を示します。「投げる」を例にとりましょう。たとえば、わたしがボールを投げた場合、わたしという主体の行為は、ボールという対象への働きかけです。「投げる」という動詞

＊26　同前書、一六九頁。

の過程の影響は、「ボール」が被ります。誰かに受け取られるあるいは、ぶつかる、遠くまで行くなどです。

投げたボールは、誰かに受け取られるか、何かにぶつかるだろうというように、その影響は対象であるボールのみが受けることになります。行為の結果は主体から離れて、その影響は対象のみが被ることになるのです。この点が、過程の外側にいるという意味合いで、主語がその動詞の過程から影響を受けないという関係を表していると言えるでしょう。

このような特徴は、中動態と能動態の2つをとる動詞を見るとよりはっきりします。たとえば、ギリシャ語のディカゼタイ（δικάζειν）という動詞は、能動態においては、「判決を下す」という意味をもつのに対し、中動態においては、「訴訟を起こす」という意味になるとされています。裁判官を主語にとる時、動詞は「判決を下す」能動態の意味をもちます。その場合、その判決の結果の影響を大きく被るのは、原告あるいは被告人ですが、裁判官はその判決の影響を受けません。だから、能動態の意味となります。

しかし、原告を主語に取る場合、「訴訟を起こす」という中動態の意味をもちます。なぜなら、中動態においては、原告が「訴訟を起こす」時、その訴訟のプロセス、進展に沿って、原告も同時に変容を被るのです。自分の訴えが認められるか否かによって、主体自身も大きな変容を迫られることになるでしょう。つまり、能動態において、裁判官は、その動詞の過程の外側にいるのに対して、中動態においては、原告はその動詞の起こる場となり、過程の影響を受けるのです。

バンヴェニストは先の定義に付け加えて、次のように述べています。

主辞は、その過程の行為者であって同時にその中心なのである。主辞（の表す主体）が、主辞の中で成し遂げられる何事か――生まれる・眠る・寝ている・創造する・生長する、など――を成し遂げるのである。そして主辞は、まさしくみずからがその動作者である過程の内部にいる。[*27]

ここでいう、「主辞が、主辞の中で成し遂げられる何事か（…中略…）を成し遂げる」とはどういうことでしょうか。まさしくそれが、「いいこと思いつく」ということだと言えます。なぜなら、「わたし」がいいこと思いつくというのは、わたしという主語が「思いつく」という動作を開始するのではなく、わたしを「場」として、わたしの内側から「いいこと」が「思いつく」という事態を指し示しているからです。そして、まさしくその過程の内側にいる、つまりその過程とともに変容する存在となっています。

いいこと思いついたら、その「いいこと」をわたしは実行に移したくなってしまっている。つまり、わたしはその出来事の場であると同時に、影響を受けてしまってもいるのです。わたしが意図してでもなく誰かに思いつかされて（そんなことは現実には存在しないが）でもなく、わたしを場として、「いいこと」を思いつき、そして、その思いつくことで、わたしがその「いいこと」をやりた

＊27　同前書、一七〇頁。

くなってしまう。結果、その「いいこと」をやってみる、のです。

つまり、わたしを場として生じたコトに、わたし自身が影響を受けてしまう、そのような主語と動詞の関係を表すのが中動態であるならば、遊ぶということ、特に「いいこと思いつく」という事態を考えるうえでは、中動態こそが、遊びを捉える見方として適切だと言わざるを得ないでしょう。

「自己同一的な項」を前提としない中動態の性格

中間的な意味と中動態を区別する重要な点が、主体―客体、能動―受動などの二項、すなわち項を前提とするか否かにあることを示しました。この点について、以下で森田の中動態における主語と動詞の関係についての検討をもとに、中動態独自の特徴を抽出します。

まずは、先に検討した「能動―中動カテゴリー」における、能動態と中動態の区別を再度明示します。

> 能動態においては、動詞は主辞に発して、主辞の外で行われる過程を示す。これとの対立によって定義されるべき態であるところの中動態では、動詞は主辞がその過程の座であるような過程を示し、主辞の表すその主体は、その過程の内部にある。[*28]

つまり、能動―受動の区別が、「誰がするのか」「されるのか」、という具合に、動作の方向性を問うのに対して、能動―中動の区別は、主語が過程の外にあるか内にあるかを問うことでした。

森田（二〇一三）は、この過程の外にあるか内にあるか、ということの違いについて、中動態においては、主語には、動詞の表す過程から作用を受けるという「被作用性[*29]」があることを指摘します。つまり、動詞の過程の場であるとされる中動態の主語は、動詞の過程から影響を受けるということを意味します。一方、能動態の動詞における主語は、動詞の過程からは影響を受けないとされています。

このように、能動態と中動態では、主語と動詞の過程の関係性が異なるのです。バンヴェニストは、中動態の動詞が能動態の動詞に変化するにあたって、主語と動詞の過程の関係性が変化していることを説明しています。たとえば、「眠る」という中動態の動詞が、「眠らせる」という能動態の動詞に変化するときの主語と過程の関係を次のように述べています。

> 主辞は、過程の外に立つものとなって、その動作主となろう。過程は、主辞をその場所とすることをやめて、他の辞項に転移され、これがその目的辞となろう。[*30]

つまり、中動態としての「眠る」は、主語が「わたし」なら「わたしが眠っている」となり、眠

＊28　同前書、一六九頁。
＊29　前掲書（＊18）、六五頁。
＊30　前掲書（＊24）、一七〇頁。

るという動詞は、主語であるわたしを場として起こり、わたしは眠るという動詞の「場」となる。しかし、それが能動態に変化した場合「わたし」が「彼」を「眠らせる」となります。その時、「眠る」という動詞は、わたしではない「彼」のもとで起こることになり、わたしは眠ることの場ではなくなるのです。このように、動詞の過程が変化していくにしたがって、主語も同時に何かしらの変容を被るという関係性は、中動態に特有のものと言えます。

主語が動詞の過程の「場となる」ということは、主語が動詞の過程から作用を被るということでした。このことを本稿の議論との関係において理解するなら、中動態における主語は、動詞の過程と「関係的に」存在し、能動態における主語は、動詞の過程とは「非関係的」に存在していると言えます。つまり、中動態の主語の「被作用性」とは、主語が、動詞の過程と関係しながら存在していることを意味していると言えるのです。

次に、「動作主の不在」「出来事的である」という中動態の特徴を見ていきます。

バンヴェニストによれば、中動態においては、主語は過程の場であることが強調されていました。このことは、言い換えれば、その過程の外部にあってその過程を支配するような「動作主」は想定されていないということでもあります。

森田は、中動態の特徴を「動作主の不在」、「出来事的である」点に求めているオランダの言語学者であるヤン・ゴンダ（Gonda, J.: 1905-1991）を参照することで、中動態の性格を過程の内側と外側という区別によって特徴づけるバンヴェニストとは異なる見解を引き出そうとしています。

森田は以下のようにゴンダの主張を整理しています。まず、ゴンダは、主語が動作主として動詞の表す過程を引き起こしたとは言いにくい中動態の例を次のように示します。たとえば、ギリシャ語の「くしゃみをする」「げっぷをする」「おならをする」「怒る」「恥ずかしがる」などです。そして、ゴンダは、意志や意図とは関係なく、その主語に出来事が起こる事態を「出来事的」としたうえで、それを中動態の特徴と見ているのです。[*31]

このことを踏まえ、森田は、「出来事的」という特徴と「動作主の不在」が意味することを、合わせて、能動態と中動態の違いを、「主語がみずから何かを実行するか」あるいは主語に「ひとりでに何かがおこるか」の対立を意味する、と指摘しています。[*32]

森田は、このように、バンヴェニストやゴンダなど、中動態を取り上げる言語学者の分析を整理しながら、中動態の「本質」について最終的な一つの答えは出ていないと結論づけながらも、中動態の性格として、「自己同一的な項を必ずしも前提としない[*33]」あり方をその特徴としてあげています。

能動態やその反転である受動態が、自己同一的な項を前提とするのに対し、中動態は、自己同一的な

＊31　前掲書（＊18）、六六―六八頁。
＊32　同前書、六七―六八頁。
＊33　同前書、七二頁。

項を必ずしも前提としない表現だと考えられる。項を基本とする表現ではない、と言った方がいいかもしれない。*34

ここで森田が言う、「自己同一的な項」とは、何でしょうか。「自己同一的」とは、その事物がそれ自身として他の事物から区別され、その事物たる一貫性を保持していることを指します。自己同一的であるということは、他の事物との区別が可能になるということであり、言い換えると時や場所、場面を超えても同じ事物として存在可能である、他のものに依存して存在しているものではない、そうした存在のことを意味しているのです。

自己同一的な項を必ずしも前提としないという中動態の性格は、動詞の成立過程のみならず、主語のありようにも当てはまります。森田は中動態における主語を、「過程に巻き込まれ、過程の中で生成変化する場」であり、「場に出来事が起こり、出来事を通じて場が変化する」ものとして、位置づけています。

つまり、ここの意味における主語とは、動詞の過程を通じて変化する、動詞との関係の進展に伴い異なるありようを示す存在となります。

この中動態が自己同一的な項を前提としないことは、「動作主の不在」という特徴を言い換えたものでもあるのです。動作主が存在すると考えることは、過程に先立って存在する何かを想定することでもありました。それは、過程の外部にあり、過程の影響を受けないような、過程とは「非関係的」に存在するもののことです。このことを森田は以下のように述べています。

中動態の動詞で表される過程は、項を原因として捉えられるわけではない。過程は何かによって引き起こされたのではなく、まず起こったのだ。[*35]

能動態あるいは受動態の表現においては、その行為を引き起こした動作主を特定することが可能です。なぜなら、そこでは自己同一的な項が前提となっているからです。項を前提として行為を考えるとは、逆に言えば引き起こされた出来事から遡り、項を特定することが可能になるということです。つまり、自己同一的な項を前提とすることは、因果関係で物事を捉えることを可能にします。しかし、中動態の動詞で表される過程は、必ずしも自己同一的な項を前提としません。このことは因果関係のみによらず、出来事を捉えることを意味します。中動態の動詞で表される「過程」を「結果」と見なす時、その「結果」を生み出した「原因」とは何かを問う、という因果関係で、中動態の過程を理解することはできないです。このことが「動作主の不在」また「出来事的である」ということの意味です。

そして、ここに西村が提示した「遊戯関係」において遊びを理解する仕方との根本的な違いがあ

＊34　同前書、七二頁。
＊35　同前書、七三頁。

ると言えます。西村はあくまでも自己同一的な項である「わたし」が、ある独特のしかたで関与することによって、「主客分かちがたい」ある「独特な関係」「独特な状況」が生まれる、その結果生まれた関係を「遊戯関係」であると述べました。ここには、自己同一的な「わたし」が不可欠の前提として存在しています。

しかし、中動態は、わたしという自己同一的な項が必ずしも前提として必要ではない表現だと言えるのです。ガダマーや西村は、主体の存在を前提としながらも、そこに「主観的な意識」が不在であるとしたのに対し、森田が中動態の特徴として提示したのは、「動作主」つまり「主体」それ自体の不在なのです。

3　中動態と関係論の関係

ここまで中動態の性格を森田の分析によりながら読み解いてきました。特筆すべき特徴は、「自己同一的な項を必ずしも前提としない」ありようです。その意味合いは、主語と過程の関係、また中動態の動詞の成立過程に見出すことができました。そして、この点が、中間的な意味を超えて、遊びの根源的な意味を中動態に見出す理由となっています。

まず、主語と過程の関係においては、「主語の被作用性」が中動態の特徴であると言われていました。主語は、中動態においては「自己同一的な項」ではなく、過程の起こる場となり、過程とともに変容しながら、存在しています。そこでは過程の影響を受けず、過程から独立しているあり方、つまり自己同一的な項とは異なる形で主語が存在しています。

そして、中動態の動詞は、「動作主の不在」を特徴としていました。「動作主」が存在するという発想自体が、「自己同一的な項」を前提とすることを意味しますが、中動態の世界においては、「動作主」を特定することは困難です。そこでは、「動作主は不在」であり、「出来事的」に、過程は起こります。これを森田は、「『もの』から出発するのではなく、『こと』が起こるということそれ自体から出発して事態を捉えるやり方」[*36]と表現しています。

ここまでの考察をもとに、さらに考察を推し進めると、次のことが言えるのではないでしょうか。中動態表現は、関係論的な世界を記述する文法として存在している、ということです。言い換えると、中動態とは、関係論的に世界を見る時、そこで起こる出来事を記述するために必要な文法の態と言えるのではないか、ということです。なぜそう言えるのでしょうか。

次の三点から、このような主張が成立すると考えられます。まず、関係論的見方を論じる佐伯と、中動態表現を研究する國分や森田、そして、本書第3章等で自由意志を批判的に検討する際に依拠した小坂井も、自身が実体論を斥け、関係論の立場に立つことを明言しており、これらの論者が、共通のメタ理論を仮想敵としているということです。

＊36　同前書、七三頁。

次に、共通のメタ理論を仮想敵としていることだけでなく、そこに対置するメタ理論も共通としているということです。「自己同一的な項」を前提としない、つまり出来事を「関係の網目に位置づける」という共通のメタ理論を指摘することができます。

そして、共通のメタ理論をもつことから、関係論的見方と中動態は相補的関係にあることが導かれると考えます。関係論を表現するためには中動態が必要であり、中動態の性格を理解するためには、関係論的見方が必要となるように、双方の概念はつながっているのです。そして、関係論的見方を論じる佐伯が、関係論的に出来事を記述する際に必然的に中動態表現を用いている点にも、関係論的見方を記述する文法の態として中動態表現が存在している必然性を見出すことができるのです。以下で順番にこれらの点について検証を行っていきます。

実体論、脱文脈化というメタ理論への反論

関係論的見方および中動態表現を使用あるいは提案する佐伯や國分、小坂井は、共通のメタ理論を仮想敵としていると考えられます。それは、「実体論」であり、「脱文脈化」して物事を捉える見方、そしてその前提となる「近代的主体」という人間観です。

まず、関係論的見方における仮想敵とは、個体能力主義における、能力の扱い方に見出せる、メタ理論としての「実体論」あるいは脱文脈化して物事を捉える見方です。「個体能力主義」あるいは佐伯の批判する「個体能力還元主義」的な発達論*37においては、能力、発達そしてそれらと関係する

知識や活動、意味は脱文脈化されたものとして捉えられています。そしてその前提となっているのが、近代的主体としての人間観、つまり自己同一的で「閉じられた個体というシステム」としての人間です。そこでは、ある状況や関係に「埋め込まれた」存在としての人間ではなく、独立し自立した存在としての人間観が前提となっています。

また、國分が「中動態の世界」を描くうえで、仮想敵としたのは、能動―受動カテゴリーの枠組みを可能にしている人間観と「意志」概念の扱われ方です。そこでは、あらゆる関係に先立って存在する近代的主体としての個人と、その人間観と密接に結びついた、脱文脈化され実体化された、物事の絶対的な始まりを意味する意志概念が批判的に検討されていました。國分も関係論と同じように、現実とは異なるにもかかわらず、意志が脱文脈化され、個人に属するものとして実体化されている、つまり「意志の前景化」を批判していました。

そして、小坂井は、責任、意志、といった概念が、「虚構」として成立していることを主張する文脈において、自身がなぜ「虚構」という言葉を用いるかについて、実体論を斥け関係論を支持する立場とすることから導かれていることを次のように述べています。

「般若心経」の章句「色即是空　空即是色」と同じく、実体論を斥け、関係論を本書は主張する。世界

＊37　佐伯胖『幼児教育へのいざない［増補改訂版］――円熟した保育者になるために』東京大学出版会、二〇一四年、八三頁。

は夥しい関係の網から成り立ち、究極的な本質はどこにも見つけられない。だが、その関係こそが強固な現実を作り出す。空は無ではない。どんなモノも出来事も自存せず、他の原因に依って生ずる。つまり本質や実体は存在せず、関係だけが現れる。これが空の含意だ。曖昧な表現でごまかすのではなく、逆に立場を鮮明にする目的で虚構という表現を私は使う。*38

このように、関係論的見方と中動態が提案される背景には、能力、意志、責任などの概念を実体化してみなすことへの批判が通底しています。そして、それらを実体として見なすことが可能になるためには、「近代的主体」という人間観を前提とする必要があり、その人間観を人間の事実として捉えてしまうことへの批判も共通していると言えるでしょう。

「関係の網目に位置づける」というメタ理論

次に、関係論と中動態的表現は、相補的関係にあります。なぜなら、その根底には、出来事、あるいは人間を「関係の網目に位置づける」という共通のメタ理論をもっているからです。関係論的に物事を見るということとは、あらゆる行為をさまざまな人、モノ、出来事の網目のなかに位置づけて見ることでした。

また、関係論における人間観とは、関係に先立って個人が存在するという「近代的主体」としての人間観ではありません。そうではなく、関係のなかで生きている人間つまり、「状況、関係のなかで生きざるを得ない存在」として人間を捉えていると言えるでしょう。

森田は、中動態の性格として「自己同一的な項」を前提としないあり方をその特徴として述べました。中動態の主語と過程との関係においてその特徴を理解するならば、中動態における主語は、過程から独立した存在ではなく、過程に巻き込まれ、影響を受ける存在だとされます。森田は、これを「主語の被作用性」と述べました。

言い換えると、中動態における主語は、出来事、過程との「関係のなかで存在している」と言えます。なぜなら、「自己同一的」ではないということは、常に状況により変化する、つまり関係によって表す様相が変わるということを意味するからです。つまり、中動態の世界における人間観とは、関係のなかで存在する人間観と言えるのです。

そして、中動態における出来事は、「動作主の不在」、「出来事的」である点にその特徴がありました。こうした特徴は、別の言い方をすると、関係論における「出来事を関係の網目に位置づける」ことと言い換えることができます。たとえば、関係論的見方を提案する佐伯は、保育の事例に即しながら、まさに関係論的に見るとは何かを語るなかで、「動作主の不在」、「出来事的」であることを関係論的に見ることそのものとしています。佐伯によれば、関係論的に見るとは、子ども「を」見ることではなく、子ども「から」見ることでした。「を」見ることと、「から」見ることの違いとは、

＊38　小坂井敏晶『神の亡霊――近代という物語』東京大学出版会、二〇一八年、一五頁。

子ども「を」「動作主」として見るか、子ども「から」見える関係全体を見るかという違いを意味します。何か良からぬ出来事が起こったとします、その時、実体論をメタ理論としてもっていると、無意識のうちに原因は何かを子どもの心のなかに探してしまい、その心のなかの動きが目の前の現象の原因となっていると「説明」をつけたくなってしまいがちだと佐伯は指摘します。[*39]

しかし、その子「から」見ることは、そもそも原因となる何かが「ある」という前提からは出発していません。その子「から」見る時、そこではその子のある言動に紐づく経緯や状況、周囲の人のまなざしなど、その子の「周辺状況」つまり「関係の総体」を明らかにしようとしているのです。関係論的に見ることの中心的な意味とは、「関係の総体」を明らかにしようとする、ことです。「関係の総体」を明らかにすることが中心的な意味であることは、佐伯が刑部の論文に言及する箇所に現れています。そこでは、佐伯が、刑部の論文とその論文への批判を紹介し、関係論的に見るとはいかなることかを論じています。[*40]まず、佐伯は、刑部の論文の目的を次のように説明しています。

あらゆることが関係の網目の中で、なかば「必然的に」、「そういうありように」追い込まれ、あるいは周辺から形づくられている」という、関係の総体を明らかにすることが目的だった。[*41]

しかし、この刑部論文には、「さまざまなスジ違い」の批判や誤解が生じていたと、佐伯は述べています。その詳細は割愛しますが、佐伯によれば、それらは、「単純化した、因果論的な解釈の枠組みに当てはめてしまう」ことでした。そのような「だれの責任なのか」といったような「ワルモノさがし」とは本質的に異なる問題意識のもと行われたのが刑部論文であるということであった、と佐伯は述べています。

「関係の総体」と、「原因」を明らかにすることが、本質的に異なっていると言えるのは、「関係論」と「実体論」という背後にあるメタ理論が異なっているからです。原因を明らかにすることは、必然的に原因を非関係的に実体として見なすことを意味します。なぜなら、原因を確定するということは、原因となる何かをその原因に関係する周囲の関係とは非関係的に存在していることを前提とするからです。なぜなら、そうしなければ、その原因からさらなる原因へと遡る必要性が生じます。したがって、「原因」を求めようとする因果論は必然的に単一の何かが実体するかのようにその原因を認めることとなるのです。そして、このことは、言い換えると「自己同一的」な項の存在を必要とします。

一方、「関係の総体」を明らかにしようとすることは、あくまでもすべての出来事や事象を関係の網目のなかに位置づけて理解しようとする態度です。そこでは、「自己同一的」な項は必ずしも前提とされず、すべての出来事は、他の事物とどのような関係を結んでいるのかという前提をもとに理

＊39　前掲書（＊37）、一二一頁。
＊40　詳しくは、同前書、九九－一〇四頁を参照。
＊41　同前書、一〇二－一〇三頁。

解されます。このことを佐伯は保育の現場に即して次のように述べています。

保育は、本来あれやこれやの「原因」に還元できるものではない。保育というのは、「善かれ」と願う人々が、さまざまな行き違いやしがらみのなかで、変えようにも変えられないことにぶつかり、葛藤しながらも、あちこちでの「わずかなきっかけ」の積み重ねから、ほとんど誰も「あれが原因だった」とはいえない状況の中で、関係の総体が少しずつ、少しずつ、変容することで、結果的に「より望ましい」保育が実現できるのではないだろうか。[*42]

ここで佐伯は、関係論的に保育にまつわる出来事の変容について述べています。ここでの変容とは刑部論文の「気になる子ども」が「気にならなくなっていく」過程であり、子どもの「発達」であり、ある子どもについての「理解」が生まれる過程であり、保育にまつわる多様な出来事を当てはめて考えることができます。そのありようとは、「関係の総体が少しずつ」変わっていった結果であり、単一の原因に還元できるものではないとされています。

このことはまさしく、「動作主の不在」という中動態の性格としてあげた点と共通しています。ほとんど誰も「あれが原因だった」とは言えない状況というのは、その結果的に「よかった」とされる出来事の原因、つまり「動作主」を特定できないという意味であり、それは中動態の「出来事的」であるという性格と同様のことを意味しているのです。

このように、中動態的な性格として述べられていることは、関係論的に見ることと言い換えることも可能であり、また逆に関係論的に見ることも中動態的な性格として理解することも可能と言えるでしょう。なぜこのような理解が可能かというと、中動態における主語と動詞の関係、出来事の描写は、関係論を背後のメタ理論としているからなのです。

中動態は関係論の表現媒体である

これまで見てきたように、佐伯は、関係論的に見ることが保育においていかなる意味をもつかを、『幼児教育へのいざない』において論じています。そこで注目すべきは、関係論的見方を表現する際に、佐伯は中動態表現を用いていることです。そして、そこには中動態でなければならない理由があります。なぜなら、先に示したように、関係論と中動態は共通のメタ理論をもっているからです。言い換えると、中動態でなければ、関係論を記述することが困難になります。だから、関係論を記述しようとすると、能動態でも受動態でもなく、中動態を用いなければならないのです。その例として、佐伯の論考を取り上げ、解説を試みます。

佐伯は、保育者において、子どもを「見る」ことと、「見える」ことの違いについて、言及しています。すぐれた保育者とは、子どもを「よく見ている」と言われてきたが、本当は「子どもがよく見えている」保育者のことではないか、と指摘しているのです。

*42　同前書、一〇三頁。

佐伯は、「見ようとして見る」ことではなく、「見えてくることを、見逃さないこと」が重要なことだと述べ、「見ようとして見る」ということを、以下のように説明しています。

> 「しっかり見る」ということで「見える」のは、「見ようとしたこと」についてである。「これを見よう」として、しっかり見たとき、見えるのは、「コレ」である。言い換えれば、「コレ」しか見えないのだ。[*43]

このことは、言い換えると、実体論的に「見る」ということです。「見ようとして見る」とは、何かの「実体」を見ようとして見ることを意味すると指摘しています。その実体とは、ある出来事が起きた際に「何かの原因」を見つけようとしてしまうことや、「説明」をしようとすることなど、自分なりの物事を理解するための「解釈」を当てはめようとしてしまうことです。そのあらかじめ定まった「見る」側の解釈枠に子どもを当てはめてしまう行為のことを、意味していると言えます。「コレ」しか見えない時、それは子どもをあらかじめ定まった解釈枠に沿って「見ようとして見る」ことを意味しているのです。

このことに佐伯は注意を促します。子どもと関わる経験が増えるにつれて、「こういう場合は、こういうことが原因になっているに違いない」、「子どもが○○の時は、○○だと思っているはずだ」など、出来事を説明する際のパターンを私たちは無意識のうちに身につけてしまっているのです。そのような目の前の出来事への判断と対処の自分なりのパターンがあり、それを無意識のうちに相手に当てはめて出来事を「解釈」することを佐伯は、「見ようとして見る」ことと述べています。

これに対して、「見えてくることを、見逃さない」ように「見る」とはどういうことか、佐伯は次のように説明します（傍点は、筆者による）。

「見る」という行為が、つねに見られている側への配慮のもとで行われていると、ものごとが「向こうから見えてくる」。子どもが「見せたがっている」ことが見えたり、「見せたがっていない」ことが見えたり、「これは、なにか（大事なことが）あるな」と思われることが、目に飛び込んでくる。[*44]

ここで傍点を振った部分は、中動態的表現の箇所です。また、ここで注目したいのは、この「見える」に至る前提条件として佐伯は、「つねに見られている側への配慮のもとで行われている」ことをあげている点です。

この点は、本稿においては言及することはできませんが、「二人称的かかわり」の相手として、他者とかかわっている状態を意味します。そこでは、相手を「三人称的に」客観的な存在としてではなく、お互いに訴えを「聴き合う」関係として捉えているのです。つまり、相手があってわたしがいる、わたしがいて相手があるといったような、関係があることを前提にお互いの存在がある、という前提でかかわるということで、それが関係論的にかかわることを意味します。[*45]

＊43　同前書、二〇頁。
＊44　同前書、二〇頁。

関係論的に相手を捉える時、おのずと子ども「を」見るのではなく、子ども「から」周囲の関係を見ていることになります。そうすると、「なにが起こったのかについて、さまざまな出来事の織りなすストーリー（物語）の全体像が見えてくる」と、佐伯は指摘しています。*46

このように関係論的見方を用いるとはどういうことか、を佐伯が説明するときの表現媒体として、中動態が必然的に用いられています。なぜなら、能動態で表現してしまうとその背後の「実体論」を強調してしまう結果となるからです。「関係論」というメタ理論を意識する、ある関係を前提としながら存在している、ことを意識するならば、必然的に「自己同一的な項」を前提としない、中動態を用いざるを得ないのです。

本章では、遊びの根源的な意味とは何かを問うてきました。これまでの章において批判的に検討してきた実体論を念頭に置き、中間的な意味を検討する結果、見えてきたのは、自己同一的な項を前提とすることの限界点です。そこから、中間的な意味の主題を引き継いだ中動態研究を参照することで、遊びの根源的な意味としての中動態のありよう、つまり自己同一的な項を必ずしも前提としないありようが明らかになりました。そして、実体論への批判の根拠となっていた関係論的見方が、中動態を表現媒体として必要とする相補的な関係にあることをも示しました。

改めて、「いいこと思いついた」とはどういうことでしょうか。それはわたしを場として生まれた出来事なのです。それは、その人が生きている現在の状況や文脈、これまでの歴史など、当人を取り巻く関係の網目の総体が少しずつ変容することによって主体に起こる変化の結果、「いいこと思いつく」という現象が浮かび上がってくることと言えるでしょう。いいこと思いつく「わたし」というのは、中動態における主体です。周囲の状況と関係しながら存在する主体であり、周囲の事物との関係があるがゆえに、「コレ」とは指し示せない何かから影響を受け、いいこと思いついてしまう存在なのです。そして、思いついたその瞬間には、その思いつく出来事を実行したくなっている。このように、関係の網目に身を置き、外界に開かれ、時間の推移とともに変化を遂げていく主体のありようこそが、遊ぶ子どもたちの姿なのです。

＊　＊　＊

ここまでの議論を簡潔に振り返ります。本稿（第Ⅰ部）の目的は、「いいこと思いついた」という現象をうまく位置づけることが難しい「自発的な活動としての遊び論」を批判的に検討し、遊びとは何かを問い直し、自発的な活動とは異なる見方を切り開くことにありました。これまでの議論において明らかになったのは、遊びを自発的な活動と見なすのは、その遊びそのものの意味によると

＊45　この点については、次の書籍の第1章を参照されたい。佐伯胖（編）『「子どもがケアする世界」をケアする――保育における「二人称的アプローチ」入門』ミネルヴァ書房、二〇一八年。
＊46　前掲書（＊37）、二二五頁。

いうよりも、むしろ社会的な文脈の影響を強く受けているということであり、そして、「いいこと思いついた」を適切に捉えうるのは、中動態であるということでした。

第Ⅱ部　「いいこと思いついた！」が切り拓く世界

第Ⅱ部　概　要

第Ⅱ部では、第Ⅰ部の考察を踏まえて、「いいこと思いつく」ことの意味をさらに掘り下げて、それがどのような新たな世界を切り拓いてくれるかについて、四人の論者がそれぞれの立場から論じています。

第５章では、「いいこと思いつく」のは人間を超えた「何ものかの力」が働く（俗に言えば「（天から）降りてくる」）のだと、あっさり言ってしまうのです。読者は「えっ、そんな神がかったこと、言っちゃっていいの？」と思うかもしれません。しかし、第５章の論者は慌てず騒がず、いたってクールに、「それでいいんです」と言う。そのことを、ジル・ドゥルーズや木村敏の緻密な論考を参照しながら、丁寧に論じていきます。さらに、「アクチュアリティの次元」論を経て、ヴィゴツキー心理学ではよく知られている「センス」と「ミーニング」の違いについての新しい捉え方を提示し、思いつく「いいこと」の公共的な意味に焦点を当てています。

第６章では、遊びのなかで「いいこと思いつく」というのは、「遊び心」と「しごと心（まじめ心）」の渾然一体性から生まれるのではないかという考えを、ジョン・デューイの論考をもとに論じています。そこから「まじめな遊び（serious play）」についての最近の研究を紹介しています。さらに、その「まじめな遊び」で拓かれる知を、郡司ペギオ幸夫の提唱する天然知能（Natural Born Intelligence：想定外の「外部」から「やってくる」知）ではないかという考えも示されています（第5章でいう「何ものかの力」の到来と同じか？）。

次に、養成校で保育について「遊びの指導」と言えば、それは「遊び」とされている活動を、次々と「やらせる」ことを意味しており、子どもが勝手に「いいこと思いつく」などということは、むしろあってはならないか、あったとしても無視して計画通りの活動を進めるように仕向ける（指導する）ことが望ましいとされるのです。しかし、学生が実習先で子どもの自由な遊びを大切にする保育現場を目の当たりにして、そこでの子どもの、まさに「いいこと思いつく」瞬間に立ち会うと、一八〇度転回して、子どもの「遊び」の重要性、それが本当の「学び」にもなっていることに気づくのです。第7章では、そのような経験をした学生とどのように「かかわる」（「指導」というより、本来の保育に「めざめる」）ことが望まれるかについて考察しています。

第8章では、「森のようちえん」での子どもたちの活動が「いいこと思いつく」の連続だという実態を報告しています。そのなかで、それぞれ「勝手に」、それぞれの「いいこと」を思いついても、いつのまにか（別段「話し合う」とかを経ずに）、ゆるやかな共同性（それぞれ「勝手」なようで、互いに気づかうこと）が自然に生まれることを、ノディングズの「自然的ケアリング」論から考察しています。

第5章 遊びの語り方を変えよう——中動態としての遊び

久保健太

矢野論文は非常に重要な論文です。これまで、自発性や能動性で語られることの多かった「遊び」の議論に、中動態の議論を導入したからです。それによって、「遊び」論は「生きている実感」の議論、「学び」の議論、「民主主義」の議論へと開かれる可能性をもちます。

本章では、その可能性の豊かさを、簡潔に、時には図式的に示したいと思います。とはいえ最初に、次のことはお伝えしておきます。國分功一郎によれば、「中動態の意味は、おおむね、現在の言語で言う自動詞表現、受動態表現、再帰表現の三つで表すことができ」ます。[*1] その点を、日本語の「(場を)盛り上げる」(能動態)と「(場が)盛り上がる」(中動態)という動詞を使って説明します。[*2]

第一に、私(たち)が盛り上げようとしなくても、場がおのずから「盛り上がる」こと。むしろ、「盛

*1 國分功一郎・熊谷晋一郎『〈責任〉の生成——中動態と当事者研究』新曜社、二〇二〇年、一〇一頁。

り上がる」という出来事が、私（たち）という存在を場所にして、おのずから、起きること。これが自動詞表現で表される中動態の意味です。第二に、「盛り上がる」という出来事において、たとえば、周囲の歓声や照りつける太陽が私（たち）に働きかけていること。私（たち）に作用していること。私（たち）はある意味、受け身であること。これが受動態表現で表される中動態の意味です。第三に、とはいえ、「盛り上がる」という出来事において、私（たち）はまったくの受け身（受動）でもないこと。むしろ私（たち）は、場のメンバーとして何らかの行為をしていること（そこには「何もしない」という非行為も含まれる）。そして、私たちが行為をすること（しないこと）によって、場がますます盛り上がったり、逆に、盛り上がりを失ったりすること。つまり、その行為（非行為）が私（たち）自身に跳ね返ってくること。言い換えれば、再帰してくること。これが再帰表現で表現される中動態の意味です。

さて、本章では、中動態の三つの意味のうち、一つ目の自動詞表現（おのずから起きること）と二つ目の受動態表現（私たちに働きかけながら起きること）に焦点を当てます。三つ目の再帰表現については、本章第1節で少し触れるだけで、ほとんど深入りできません。いつか、別の機会に論じたいと思います。以上の前置きをしたうえで、それでは、さっそく始めます。

1　遊び全体が、中動態的に表現し得るものである

中動態で生きることは、周りに生かされながら、生きることでもあります。より正確に言えば、自分は周りに生かされながら、自分は周りを生かしながら、気がついたら、いつの間にか、自分たちを超えた何ものかの力によって、自分たちの力以上のものを生み出していること。それが中動態で生きることです。もちろん、これは中動態がポジティブに働いた状態であって、周りを重くしながら、自分も重くなって、挙句の果てに、自分たちではどうしようもできない何ものかの力によって、当初の意図とは違う出来事に終わってしまったというネガティブな場合もあるでしょう。いずれにせよ、「自分（たち）がその出来事を起こした」という能動態ではなく、「自分（たち）にその出来事が起きた」という中動態でしか表現できない出来事が存在します。それどころか、そのような出来事は、人生のあらゆる局面に顔をのぞかせています。

矢野論文は、そうした人生の局面のうち、「遊び」の源泉としての「思いつき」が、ある個人（個体）に到来する瞬間に注目しました。そして、「遊び」の源泉としての「思いつき」が能動的に「生

＊2　この説明は木村敏による中動態の説明も参考にした。木村敏「自己の実像と虚像」『あいだと生命――臨床哲学論文集』二〇一四年（二〇一〇年初出）、一五〇頁。また、國分・熊谷、前掲書、九九頁なども参考にした。

み出される」のではなく、中動態的に「生まれ出てくる」ことを指摘しました。

この指摘は非常に重要な指摘です。いままで能動態で語られることの多かった「遊び」を、中動態で語る一歩目を開いたからです。矢野論文の一歩目に続いて、二歩目を踏み出してみるならば、遊びにおいては「思いつき」が到来する瞬間だけではなく、遊び全体が中動態的に「起こる」ということが言えそうです。

どういうことか。「思いつき」を「アイデア」と言い換えながら、書いてみます。

目の前に現れた「かたちあるもの」に触発されて、ある「アイデア」が到来する。
その「アイデア」を「かたち」にしたら、「新しいアイデア」が到来する。
その「新しいアイデア」を「かたち」にしたら、「新しい新しいアイデア」が到来する。
その「新しい新しいアイデア」を「かたち」にしたら、……。
と、しているうちに、「当初のアイデア」とはまったく別のものができあがっている。

遊びとは「思いつき」を「かたち」にし、「かたち」から「思いつき」、また、その「思いつき」を「かたち」にし、……それを延々と繰り返しながら、思いも寄らぬところまでたどり着いてしまうことだとするならば、このような遊びは、（「思いつき」が到来する瞬間だけではなく）その全体が、能動的に起こせるものではなく、やはり中動態的に、人間を超えたものの力が、ある出来事に到来しながら、起きてしまうものなのです。

ちなみに矢野論文でも参照された森田亜紀は、「思いつき」を「かたち」にし、「かたち」から「思いつき」へ、そのループによって、制作が進むさまを「想（Idee）が制作（execution）につれて湧いてくること」であり、それこそが「芸術の特徴」であると述べています。[*3]

これは大変におもしろい指摘です。芸術などは、すでに構想の段階で、美しい構想ができあがっており、その構想の通りに制作するのだと思われがちですが、森田によれば、そうではないのです。構想の通りに制作が進むのは「工業」であって、芸術の場合は、制作をしながら、構想が湧いてくるのだと言うのです。だとしたら、「遊び」には「芸術」としての側面があり、「芸術」には「遊び」としての側面があり、というよりも、そもそも「遊び」と「芸術」とは同じものであり、と議論を進めたくなりますが、その点については、別の機会に論じることにしましょう。[*4]

私が、矢野論文から引き継ぎたいのは、そうした「遊び」「芸術」は、能動的に起こそうと思って、起こせるものではなく、やはり中動態的に起きてしまうというのだという点です。

＊３　森田亜紀『芸術の中動態――受容／制作の基層』萌書房、二〇一三年、一〇三頁。

＊４　これは（自動詞的に）到来した「アイデア」を、「かたち」にするという私たちの「行為」が、私たち自身に（再帰的に）作用を及ぼすという出来事である。このような「アイデア」の自動詞的生成と、「行為」の再帰性を含んだ出来事については、私たちが「流れ」に生かされながら、しかし、その「流れ」をつくることの学習論、民主主義論として、別の機会に論じたい。

2　人間を超えた「何ものかの力」

さて、「遊び」における「思いつき」が中動態的に「到来する（起こる）」という矢野論文の第一歩目に続く第二歩目として、「遊び」という活動全体が、中動態的に「到来する（起こる）」のだという点を指摘しました。

第三歩目として指摘しておきたいのは、先に示したような「遊び」（および「芸術」）が起きてしまうとき、そこには人間の力を超えた「何ものかの力」が働いているのではないかということです。自分たちで「遊び」「芸術」と呼べる出来事を「起こす」。これは能動態の世界です。一方、「何ものかの力」が自分たちに働きかけ、その結果「遊び」「芸術」と呼べる出来事が、自分たちの身に「起きる」。これが中動態の世界です。

能動態において、主体は「（能動的に）行為する主体」として出来事にかかわっています。それに対して、中動態において、主体は「何ものかの力」が、そこを舞台にして、その力を発揮する「場所」として、出来事にかかわっています。

矢野論文でも参照されたバンヴェニストが「中動態では、動詞は主辞がその過程の座であるような過程を示し」という時の「座」という言葉は、主体が（能動的な）行為主体ではなく、（中動態的な）場所としての主体であることを言おうとした言葉です。[*5]

少し話がそれました。ここで確認しておきたいのは、中動態的に人間の営みを捉えた時、「何ものかの力」を前提とせざるを得ないということです。実際に、中動態的な世界観から人間の営みを捉えようとした哲学者たちは、その議論のなかに「何ものかの力」を組み込んでいます。たとえば、木村敏は「生命一般の根拠の次元」[*6]を、ジル・ドゥルーズは「超越論的」な次元[*7]を、自らの議論のなかに組み込んでいます。

＊5　本書第4章（九六頁）参照。なお、「場所としての主体」については、以下の拙稿も参照。久保健太「乳幼児の学びの理論としてのドゥルーズ／ガタリ理論」『幼児の教育』第一二〇巻第四号、二〇二一年、一―一三頁。

＊6　「生命一般の根拠の次元」については、後ほど文中において説明する（一三六頁参照）。

＊7　ドゥルーズは遺稿となった「内在――ひとつの生……」において、超越論的場が「ひとつの純粋な内在平面によって定義されるだろう」と述べたうえで（ドゥルーズ、二〇一五年、一五九頁）、「純粋な内在とは、ひとつの生」であると続け（同、一六〇頁）、「ひとつの（une）生を構成する諸々の特異性や出来事は、それに対応する一般的（la）生の諸々の偶発事と共存する。（…中略…）ひとつの特異な生が、いかなる個体性もなしですませること、生を個体化する相伴物も一切必要としない場合さえある。たとえば、乳児たちはみな似たりよったりで、個体性をほとんどもたない。しかし彼らには、笑みひとつ、しぐさひとつ、しかめっ面ひとつといった特異性があり、主体的性格とは無縁の出来事がある。純粋な力であり、諸々の痛みや弱さを通じた至福でさえあるひとつの内在的生が、乳児たちを横切っている」と述べる（同、一六二頁）。ドゥルーズはここで、個体性以前の特異性や出来事の次元、すなわち「純粋な力」が人間を「横切っている」次元を、その議論のなかに組み込んでいる（ジル・ドゥルーズ「内在――ひとつの生……」『ドゥルーズ・コレクションⅠ　哲学』河出書房新社、二〇一五年）。

その次元は、私たちの活動に到来する「何ものかの力」が、そこから生まれてくるような「源泉」とでも言える次元です。この原稿を執筆するにあたって、ゼミ生に、「何かがひらめいた時、そのひらめきって、どこから来ている感じがする？　脳のなかから来ている感じがする？」と聞いてみました。そのゼミ生は「脳のなか？　っていうよりも、なんか、天から降ってくる感じです」と答えてくれましたが、彼女が「天」という言葉で表現しようとした次元が、木村やドゥルーズが、自分の議論のなかに組み込んでいる次元です。

それは、自分たちを超えた「何ものかの力」「私たちを生かしている存在」が、私たちの目に見えない姿で、到来する以前の「到来し得る可能性」として、渦巻いているような世界です。

このまま話を進めると、話が抽象的になりすぎるので、ここから先は「みてての渦」というエピソードを紹介しながら、話を進めることにします。和光保育園（千葉県富津市）の副園長である鈴木秀弘さんが年長児担任の健太さんから「みてての渦」の様子を聞き、そこで起きていたことを書いてくれたエピソードです。ここからは、このエピソードに重ねながら、「自分たちを超えた何ものかの力」について、考えていこうと思います。以下、エピソードです。

年長のみーちゃんと、ゆいちゃんが健太さんに「てをつないでおよげるよ」と言ってきたそうです。健太さんは、何事にたいしても慎重な印象のみーちゃんが、友達と一緒に自信ありげにそう言うので、うれしくなって「おぉ！　見せて見せて」と言ったそうです。

するど、二人が見事に手をつないで浮いて見せてくれたので、健太さんはますますうれしくなって

「おぉ、すごい！」と言ったそうです。すると、それを周りで見ていた子たちが、「わたしもやりたい」と参加してきたそうです。次から次と代わるがわる手をつないで泳いで見せてくれました。そのうちに、「こんどはけんたもいっしょに、四にんでやってみよう」と一段と盛りあがったそうです。

するとその一連の様子や声が届いていたのでしょう。近くにいた保育士のあん子さんが「どれどれ、じゃあ見せてもらおうよ」と言って、ほかの子たちにも声をかけてくれて、場所をあけてくれたそうです。

はる組の四人はそのあいた場所をいっぱいに使って、手をつないで〝けのび〟（プールの壁をけって伸びて浮く）を見せてくれました。

すると周りから「おぉぉぉ！　すごい」と歓声が上がりました。そして、そのはる組の四人の姿と歓声に触発されたのでしょう、「わたしもやりたい」と次々に声があがったそうです。

そこで、やりたい子たちが順に前に出てきて、年長さんの四人がやった〝けのび〟のような泳ぎ方を、それぞれのできるやり方で披露してくれたそうです。

そのやり方は実に色々です。年長さんのように潜ったり浮いたりができる子もいます。顔だけ水につける子もいます。ワニ泳ぎ（腹ばいになって顔を上げてワニのように泳ぐ）の子もいます。それぞれが、自分のやり方で参加していたそうです。なかには、今までは顔をつけるのを怖がっていたので、〝ワニ泳ぎを見せてくれるのだろうな～〟と大人が思っていたら、雰囲気に後押しされて、顔をつけて泳いで見せてくれる子もいたそうです。

順番での披露し合いは、何回も繰り返されました。その度にますます盛り上がって、園庭中に「いいぞ♪　いいぞ♪」とうれしそうな声が響きわたっていました。その声が私のいる二階にも届いてきていたのです。

図 5-1 イラスト A

図 5-2 イラスト B

以上が「みてての渦」の場面です。この場面は、イラストＡ（図５－１）の姿から、イラストＢ（図５－２）の姿ができあがっていく場面とも言えます。

ここには、さまざまな思いつきが記されています。手をつなごうという思いつき。四人でやってみようという思いつき。けのびをしてみるという思いつき。イラストＡを見てみれば、そこには、もぐってみようという思いつき、水をかけ合おうという思いつきを見取ることもできます。

重要なのは、その思いつきのどれもが、もちろんみーちゃんやゆいちゃんという個々人から生まれ出てはいるのですが、その場の盛り上がりに後押しされる形で、すなわち自分たちを超えた「何ものかの力」がみーちゃんたちを「場所」にして、その力を発揮することによって生み出されているという点です。

いくつかの疑問が湧いてきます。「みーちゃんやゆいちゃんじゃなくても、その力は働いたのか？」「あきこちゃんやゆうたくんでも、よかったのか？」「だとしたら、みーちゃんやゆいちゃんの『個』としての尊厳はどうなってしまうのか？」

中動態の相で出来事を捉えるという見方は、非常に重要な見方ですが、このような疑問が生じる見方でもあります。次節では、木村敏の議論を見ていきましょう。木村の議論は、このような疑問にしっかりと答えてくれます。

3　出来事が「現在進行形」で起きている次元
──アクチュアリティの次元（第二の次元）

第一の次元：生命一般の根拠の次元

木村は、時間（自己）を三つの次元に分けています。まずは第一の次元です。第一の次元は、人間を超えた「何ものかの力」が、そこからやってくるような「源泉」の次元です。「何ものかの力」が、私たちの目には見えない姿で（影を潜めたポテンシャル・エネルギーとして）、渦巻いている世界です。これは「みてての渦」のみーちゃんで言えば、次のような次元です。

みーちゃんが、プールのなかで泳ぎを堪能している。その際、みーちゃんの体は水に触れ、みーちゃんの耳には友達の歓声が入ってきています。ひょっとしたら、蝉の声も耳に入っているかもしれません。そこでは、水、友達の歓声、蝉の声といった諸要素（モノ）が混然一体となって、未分のままに流動し、一つの出来事（コト）が織りなされています。

こうした出来事は、一瞬一瞬生まれては消えていきます。では、どこから生まれ、どこへ消えていくのでしょうか？　そうしたことを考えたとき、想定せざるを得なくなるのが、第一の次元のような、「源泉」となる場所です。[*8] 木村は、このような次元から、私たちを含めた生命が生まれてくるという意味で「生命一般の根拠の次元」とも呼んでいます。この次元は、自分と他のものが、まだ分けられていないという意味で、自他未分の世界とも呼べますし、自分も他のものも、まだ生まれていないという意味で「父母《ぶも》未生《みしょう》已前《いぜん》」の次元とも呼ばれます。[*9]

第二の次元①：現在進行形の次元、思いつきが到来する次元

とはいえ、この自他未分の世界を、私たち人間が、全面的に見たり聞いたりすることはできません。[*10] 私たちにできるのは、この自他未分の世界に「半身を浸す」ことだけです。[*11] それも、自他未分の世界からやって来た出来事が、自他未分のままに私たちを触発し、私たちに「なんかいい」「なんかイヤだ」といった感覚が生じることで、自他未分の世界に半身を浸すことができるだけです。[*12] 自他未分の世界からやって来た出来事が、自他未分のままに、私たちを触発する。その時、私た

＊8　木村は、第一の次元の状態を「ヴァーチュアルで非人称的な自他未分の状態」と呼んでいる。木村敏「一人称の精神病理学へ向けて」『関係としての自己』みすず書房、二〇〇五年、二五七頁。
＊9　同前書、二五七頁。
＊10　木村敏「タイミングと自己」『偶然性の精神病理』岩波書店、二〇〇〇年（一九九三年、初出）、一一七頁。
＊11　木村敏『精神医学から臨床哲学へ』ミネルヴァ書房、二〇一〇年、二八六頁。
＊12　木村、前掲書（＊2）、一五四頁。ここで言う、自他未分の世界とは、第一の次元という潜在的（ヴァーチュアルな）次元に「半身を浸」しながら現在進行形で、出来事が時間と空間のなかに（事物の状態のなかに）その姿を現わす世界。この世界はドゥルーズが内在平面と呼んだ世界に、ほぼそのまま重なる（ジル・ドゥルーズ「内在――ひとつの生……」『ドゥルーズ・コレクションⅠ　哲学』河出書房新社、二〇一五年）。

ちは、個々別々の仕方で、出来事によって触発された感覚を感受する。この触発の瞬間の次元が、第二の次元です。矢野論文のいう「思いつき」の到来は、こうした触発の一つとして第二の次元で起こります。

さて、第二の次元は、瞬間瞬間に立ち現れる世界です。自他未分の世界から、個々別々の感覚が、意識のなかに発生する。その瞬間の次元です。それゆえ木村は、第二の次元のことを「第一の次元がその不可知性を突破してわれわれの意識に出現してきた最初の閃きのようなもの」とも言います。*13

これは、第二の次元が常に動いている状態の次元だということです。動きがある、というよりは、動いているという状態。「動き」という名詞になってしまう前の、「動いている」という動詞の状態。より正確に言えば、「動く」という動詞のうち、「動いている」という現在進行形の状態。これが第二の次元です。

育児や保育の世界で、子どもは現在（いま）を生きているということが言われることがありますが、それは、子どもが「現在進行形」を生きているということです。子どもは（そして、本当は大人も）、まず、第二の次元を生きているのです。

この次元では、出来事が現在進行形で、現実に、その姿を現わしています。そうした出来事、言い換えれば「現在ただいまの時点で途絶えることなく進行している活動中の現実、対象的な認識によっては捉えることができず、それに関与している人が自分自身のアクティブな行動によって対処する以外ないような現実」のなかで、「何らかの力」が現実に（アクチュアルに）、動き、働いている

（アクトしている）という意味で、アクチュアリティの次元とも言われます。[*14]

第二の次元②：自他未分と自他区分のパラドックス

第二の次元において、私たちは、自他未分の世界からやって来た出来事に、一緒になって巻き込まれます。しかし、その際に生じた感覚を完全に共有することはできません。私たちが、出来事を感受する仕方は（より正確には、出来事によって触発された感覚を感受する仕方は）、個々別々であり、一人ひとり違うからです（この時、生じている個々別々の感覚のことを、本章第5節では「センス」と呼んで、論じます）。

「みてての渦」で言えば、みーちゃん、ゆいちゃん、健太さんは、同じ出来事に飲み込まれ、包み込まれながら、個々別々の仕方で出来事を感受し、自他未分の世界に半身を浸しているのです。[*15] それが、第二の次元です。

私たちに生じる感覚が、個々別々のものだという点で、もはや純粋な自他未分ではなくなっています。第一の次元は「自他未分の世界」であったのですが、第二の次元では、個々別々の世界へと、

＊13　前掲書（＊10）、一一七頁。
＊14　木村敏『心の病理を考える』岩波書店、一九九四年、一二九頁。
＊15　前掲書（＊8）、一二五六頁。そこでは「メタノエシスの個別化」という表現で、第二の次元が語られている。

それぞれの存在が分かれ始めます。すなわち、自他区分が始まります。その点に、第一の次元と第二の次元の違いがあります。

自他未分に半身を浸しつつ、自他区分が生じるような次元。言い換えれば、自他未分と自他区分とが同時に存在するような次元。第二の次元はそのようなパラドックスを含んだ次元です。それは、出来事がこの世界に到来する時、その出来事にはパラドックスが含まれているということでもあります。

それとかかわって、第二の次元では、相反する感覚を同時に味わうというパラドックスも起きています。重要な点は、そのようなパラドックスを含んでいるからこそ、この第二の次元が、人間にとって重要な次元であるということです。

みなさんも、辛さと楽しさ、喜びと恐れ、一体感と食い違いのような相反する複数の感覚を同時に味わったことがあるでしょう。そして、そのようなパラドキシカルな感覚が湧いてきた瞬間こそ、自分が生きているという現実感（充実感）を感じるものではないでしょうか？　だとしたら、矢野論文が「いいこと思いついた」と表現した「思いつき」も「いいこと」と「臭いこと」「汚いこと」「気持ち悪いこと」などがパラドキシカルに混然一体となった「いいこと」ではないでしょうか。

エリク・H・エリクソン（Erikson, E. H.）[*16]が、ルドルフ・オットー（Otto, R.）[*17]から拝借した「ヌミノース」という言葉で描き出そうとした乳児の感覚は、そのようなパラドキシカルな感覚です。

エリクソンは、人生の最初期に、自分は見放されないし（分離されないし）、見捨てられない（遺棄されない）という感覚を得ることが大事だと言います。[*18]そして、そのような感覚を与えてくれるのが「神聖なるもの（ヌミノース）」の存在だと言います。エリクソンは乳児にとっての「神聖なるもの」は母親ではないかと論じていますが、ヌミノースを最初に論じたオットーの世界観に即せば、「神聖なるもの」は人間の力を超えた「何ものかの力」です。[*19]

私は幼い日の、ある日の夕立を、いまだに鮮明に覚えています。体感時間にすれば数秒のうちに、黒い雲が立ち込め、冷気が拡がり、雷鳴がとどろいた、あの瞬間を、いまだに鮮明に覚えています。この時、私が感覚した「戦慄」「活力」「神秘」「賛美」「不気味」「魅力」などが混然一体となった感覚が、オットーのいうヌミノースの感覚です。

＊16　エリク・H・エリクソン（1902-1994）：アメリカで活躍したドイツ生まれの児童精神分析家。自分は応答してもらえる存在なんだという基本的信頼の感覚を第一期に培う。その感覚を土台にして、自分のことは自分で決めるという自律性（自己決定）の感覚を第二期に開花させる。さらには自律性の感覚を土台にして、「自分たちの世界を、自分たちでつくる」という自主性（主導権initiative）の感覚を第三期で開花させる。こうしたエリクソンの人間論については、エリク・H・エリクソン、西平直・中島由恵（訳）『アイデンティティとライフサイクル』誠信書房、二〇一一年および、久保健太「日常生活と民主主義と教育をつなぐ理論」『生活経済政策』第二六九号、生活経済研究所、二〇一九年参照。

＊17　ルドルフ・オットー（1869-1937）：ドイツのプロテスタント神学者、宗教哲学者。

＊18　エリク・H・エリクソン、近藤邦夫（訳）『玩具と理性』みすず書房、一九八一年、九九－一〇〇頁。

＊19　オットー、久松英二（訳）『聖なるもの』岩波書店、二〇一〇年。

ヌミノースの感覚は、ある種のパラドックスを含んだ感覚です。「戦慄」と「賛美」というような、場合によっては相反する複数の感覚が、同時に感受されるという点に、そのパラドックスが示されています。また、「神聖なるもの」の到来という同じ一つの出来事を、個々別々の（分化した）仕方で味わうという点も、ある種のパラドックスと言えるでしょう。

第二の次元③：動き出す前の時間の大事さ（乳児期の意味）

ヌミノースの思想は、一人ひとりのかけがえのなさを大事にする思想でもあります。すなわち、私たち一人ひとりは、（同じ一つの「神聖なるもの」に生かされているとしても）その生かされ方が一人ひとり違うのだ（個体によって違うのだ）という一人ひとりのかけがえのなさに思い至る思想です。この点をエリクソンは「ヌミノースによって、自他区分がもたらす分離性が乗り超えられながら、しかし、一人ひとりのかけがえのなさ（個としての際立ち：distinctiveness）は確かめられる」という言い方で表現しています。[*20]

ヌミノースによって「分離性が乗り超えられる」というのは「神聖なるもの」の到来を、「共に」味わうことによって、一体感を味わうということです。では、ヌミノースによって「かけがえのなさ」が確かめられるとはどういうことか。それは一人ひとりの中動性を大事にするということです。

繰り返し述べたように、「神聖なもの」は瞬間的に、同時的に到来します。だから、その到来を「共に」味わうことができます。しかし、その到来によって生じる感覚は、個々別々、一人ひとり違います。そこに、一人ひとりのかけがえのなさがあります。一人ひとりが中動態的に、どのように、その瞬間を感受しているのか？　その時、どのような中動性が働いているのか？　どのような中動性であっても、個々別々の、それぞれの中動性は「かけがえのないもの」として尊重され得る。エリクソンは、そのように言っているのです。

　このようなヌミノース的なるものが到来する時期として、とりわけ乳児期が想定されているという点は、重要な点ですので、その点を意識しながら、さらに書き加えます。

　私たちが、人生の最初期に、そして、その後の人生の土台に「私はかけがえのない大事な存在なんだ」という感覚を抱き続けることは大切です。しかし、そのような感覚は能動的に抱こうと思って抱けるものではないのです。むしろ、中動態的に、そのような感覚が到来し、自分のなかにその感覚が残るような経験が自分の身に「起きる」という仕方でしか味わえないものなのです。

　その意味では、このような感覚は、エリクソンが考えたような、母が子に与え得る感覚（人が人に対して与え得る感覚）というよりも、やはり、オットーが考えたような、母と子が共に感受する感覚（人の力を超えた「神聖なるもの」の到来によって感受される感覚）なのでしょう。

＊20　Erikson, E. H. (1977). *Toys and Reasons*. W.W.Norton & Company. p.90から筆者訳出。なお、前掲書（＊18）では、以下のように訳されている。「ヌミノース的なものはわれわれに分離性の超克（seperateness transcended）と同時に個別性の認可（distinctiveness confirmed）をも保証（する）」（一〇〇頁。傍点は前掲書（＊18）によるもの）。

もちろん、養育者が子どもに応答することによって育つ「基本的信頼」の感覚があります。しかし、それに加えて「神聖なるもの」を、中動態的に感受することによって生まれる「ヌミノース的」な感覚があるのです。

この点を踏まえれば、エリクソンが第二期、第三期に据える、その子の「自己決定」や、その子たちの「主導権」を大事にすることの前提として、人生の第一期に、一人ひとりの中動性を大事にすることが据えられるということになるのでしょう。

それは、その子が動き出す前の時間を、言い換えれば、自分の力を超えた「何ものかの力」の到来に（無意識のうちに）備えて、能動性を解除し、自分を「場所」にしておく時間を大事にするということでもあるでしょう。たとえば遊びにおける「ボーっとする時間」は、能動性を解除し、中動態的な「場所」となって、たたずんでいる時間として大事だと言えますが、人生という長いスパンで見れば、乳児期は、長い人生を動き出す前の、中動態的な「場所」としての自分を堪能する時間として（正確には、乳児は中動態的な「場所」として、開かれた状態で生まれてくるので、その状態を尊重する時間として）、見直され得るということになるのでしょう。

中動性という観点から人間を見直すことで、ボーっとする時間を、そして乳児期を、「場所」であることを堪能する大切な時間として捉え直すことができます。このような視点も、矢野論文が開いてくれた可能性の一つなのです。

4　公共的な確認の次元——リアリティの次元（第三の次元）

第三の次元①：自他区分の世界

第二の次元がもつパラドックスからヌミノースへ、さらには土台としての乳児期の大事さへと話が展開していきました。最後に第三の次元へと進みます。

さて、先に述べたように、第二の次元はアクチュアリティの次元、すなわち、現在進行形の次元です。出来事が現在進行形で到来しては、消えていく、そのような、一瞬一瞬の世界です。ですから、この第二の次元において、「これは水だ」とか「あの歓声は○○ちゃんの歓声だ」といった意識は働いていません。水も、みーちゃんも、誰かの歓声も、すべてが混然一体となった世界が、個々別々の仕方で感覚を触発しています。そこには一つの出来事（コト）があるのであって、その出来事は「水」「みーちゃん」「○○ちゃんの歓声」といった諸要素（モノ）には、いまだ分けられていません。

一つの出来事のなかで混じり合っていた諸要素を「これは水だ」とか「あの声は○○ちゃんの声だ」というように分けていくのは意識の働きです。この意識の働きによって、自他区分の世界が本格的に現れる。それが第三の次元です。

第二の次元と、第三の次元は、次のようにも考えられます。たとえばライブ会場で、「今日のライブはなんだかすごい！」と盛り上がっている。その盛り上がりの渦のなかに、一緒に飲み込まれている。その時、「今日は、音のバランスがいい」とか「ギターのディストーションが効いている」とかいうことは、いちいち考えていない。「なんかいい」という感覚が生じているのみ。それが第二の次元です。

そうして盛り上がっている時に、横から「今日は、音のバランスがいいね」「ギターのディストーションが効いてるね」などと友達に言われるとします。友達は「盛り上がり」という塊を、「音のバランス」「ギターのディストーション」という諸要素に分けて、分析しているのです。友達は盛り上がりに飲み込まれているというよりは、そこから半歩下がって、その盛り上がりを分析しているのです。この友達が過ごしている時間が、第三の次元の時間です。第二の次元に比べれば、いささか冷めた次元であり、そこで起きていることから距離を置いた次元でもあります。

第三の次元で行われているような、「これは水だ」「あれは○○ちゃんの歓声だ」というように要素ごとに、世界の構成物を分けること。それを、要素を対象化するといいます。自分とは分けられた対象として、世界の構成物を見るという意味です。これが、自分と他のものを分けるという自他区分の世界です。自他区分の世界のことを、コトの世界に対して、モノの世界と言います。コトのなかでは自他未分の性格を残していた各要素が、いまやはっきりと、モノとして分けられているからです。

第三の次元②：「いいこと」かどうかを公共的に確認する

第二の次元では、出来事が現在進行形で、現実に、その姿を現わしています。そうした出来事のなかで「何らかの力」が現実に（アクチュアルに）、動き、働いています（アクトしています）。その意味で、第二の次元が「アクチュアリティの次元」とも呼ばれていることは先に述べました。

第三の次元では、そうした力によって起きていた出来事が要素ごとに分けられていきます。のみならず、出来事の実在（リアリティ）が公共的に確認されていきます。[*21] それゆえ、第三の次元はリアリティの次元とも呼ばれます。これは「みてての渦」で言えば、「手をつないで泳ごう！」というみーちゃんの「思いつき（アイデア）」が「いいこと」かどうかが公共的に確認されていくということです。

第二の次元（アクチュアリティの次元）においては、各人が、個々別々の「私的な現実」を生きているのですが、第三の次元（リアリティの次元）においては、「公共的な実在」が確認されるのです。矢野論文のいう「いいこと思いついた」の「いいこと」は私的な（アクチュアリティの次元での）「いいこと」として尊重されるべきですが、それとは別に、公共的な（リアリティの次元での）「いいこと」

＊21　木村の言う「公共」については、以下の二つの文献が参考になる。①木村敏「リアリティとアクチュアリティ」『分裂病の詩と真実』河合文化教育研究所、一九九八年、一四九－一五〇頁、②木村敏『からだ・こころ・生命』講談社、二〇一五年、二五頁。

と」があるのです。

重要なのは、この二つの「いいこと」のどちらが優れていて、どちらが劣っているわけではないということです。この二つの「いいこと」が二重になって、自分が「いいこと」を思いついたという実感が得られるのです[*22]。

あわせて、この公共的な確認においては、みーちゃんが確かにその出来事のなかに実在していたことが確認されてもいきます。

人間が、アクチュアリティの次元と、リアリティの次元とを二重に生きることによって、自分が生きているというアクチュアリティ（現実感）と、自分が生きてあるというリアリティ（実在感）を重ねることができる。そうして、この二つを二重に感じることで、自分の「生」に関する実感を得る――木村はそれを、自己の二重性と言ったり、生命の二重性と言ったりします[*23]。

さて、本章では「何ものかの力」に生かされながら、思いも寄らない場所にたどり着いてしまうこととして、中動態を論じてきました。

そこから湧き上がる疑問として「だとしたら、みーちゃんの個としての尊厳はどうなるのか」という疑問がありました。その疑問に対して、ヌミノースを論じた箇所では「みーちゃんの中動性を尊重すること」を提案しました。

そしていま、「自己の二重性」という観点から、次のように応えることもできます。一つは、みーちゃんが個々別々に、私的に感じているアクチュアリティを大事にすることです（これは、中動性を尊重することと同じです）。もう一つは、出来事のなかで、みーちゃんが感受していた感覚を、公共的に確認することによって（場合によっては公共的に尊重し、意味づけることによって）、みーちゃんのリアリティを大事にすることです。

その際、欠かしてはならないのは、みーちゃん自身が、自他区分を経た個人として、すなわち、他者との違いをもった個人として、公共的な確認に加わることです。そうして、たとえば、出来事のなかで、自分に到来した思いつきが「いいこと」だったのかどうかを、自分とは違う他者と、公共的に確認していくことです。この点は、中動態の学習論や民主主義論ともかかわりますので、センスとミーニングという概念を紹介しつつ、節を改めて論じることにします。

5　アクチュアリティとセンスの結びつき

センスとミーニング

矢野論文は、人間の力を超えた「何ものかの力」へと視点を開いてくれるものです。のみならず、

＊22　同前書、一九九八年、一四七頁。

＊23　木村の言う「自己の二重性（二義性）」「生命の二重性（二義性）」については、以下の三つの文献が参考になる。①前掲書（＊14）。特に「現実の二義性」「生命の二義性」を論じた、一八－三〇頁。②前掲書（＊2）。特に一〇九頁。③前掲書（＊11）。特にビオスとゾーエーを同時に生きることによる生の二重性を論じた一八〇頁。

木村敏の議論を架け橋にすることで、「何ものかの力」によって生まれた出来事を、一人ひとりがアクチュアルに実感（感受）することと、リアルに確認（知覚）することの二重性の議論へと、議論が展開されていきます。

さらには、出来事が私たちを触発した時に、私たちに、アクチュアルに生じる感覚が、「その人にとっての世界の意味」であることに焦点を当てれば、それは「世界の意味を体感的に知っていくこと」という学習論になります。また、一人ひとりが「自分にとっての世界の意味」を持ち寄って、「メンバーにとっての世界の意味」をリアリティの次元で確認し、確定していく営みに焦点を当てれば、それは（素朴な）民主主義論にもなります。

これは矢野論文が開いた中動態的な世界への着目を延長することによって生まれる、中動態的な学習論であり、中動態的な民主主義論です。本節では、そうした議論を大まかにスケッチしておきます。

そのために、本節では、センスとミーニングという概念を導入します。みーちゃんとゆいちゃんに代わって、ここでは我が子たちに登場してもらいましょう。

我が家には、晃子（四歳）、響子（二歳）、悠太（〇歳）という三人の子どもたちがいます。先日、晃子と響子が見立て遊びをしていました。「Wii」[*24]のリモコンを受話器に見立てて、「もしもーし」と言いながら、遊んでいました。晃子の手にも、響子の手にも、それぞれリモコンが握られていて、二人はリモコンを手に電話をかけあっていました。おもしろいのは、この文脈が、〇歳の悠太には共有されていないことです。だから、悠太は「あー、あー」と言いながら、晃子と響子の遊びのなかに突っ込んでいって、Wiiのリモコンを、ベロベロに舐めまわします。

悠太にとって、リモコンは「リモコン」でもなければ、「受話器」でもありません。悠太とリモコンが出合った時に欲望が湧いてきて、舐めてしまう、そんな存在です。[*25]

さて、晃子と響子が共有している文脈のなかで、Wiiのリモコンには「受話器である」という意味がつけられています。このような「その文脈における、その人にとっての事物（世界）の意味」を、センスと呼びます。Wiiのリモコンがもつセンスは、人によって違います。そのリモコンに懐かしさを感じる人もいれば、懐かしさを感じない人もいます。その人のなかに湧き起こってくる意味。そして、言い換えれば、ある種の感覚。それがセンスです。

このセンスは、文脈によっても変わります。Wiiのリモコンが、ある文脈においては、懐かしさを湧き起こすものであるのに対して、別の文脈では（たとえば、掃除をしている時などには）、邪魔なものとして感じられたりもします。センスは、文脈依存的な意味なのです。

＊24　Wii（ウィー）は、任天堂が開発、二〇〇六年に発売された家庭用ゲーム機。二〇一三年に本体の生産が終了している。

＊25　ここでの「欲望」概念はジル・ドゥルーズのそれを引き継いでいる。詳細は次の文献を参照。久保健太「乳幼児の学びの理論としてのドゥルーズ／ガタリ理論」『幼児の教育』第一二〇巻第四号、二〇二一年、一－一三頁（逆丁）。

このようなセンスに対して、どのような文脈においても、変わらない意味があります。Wiiのリモコンであれば、どのような文脈においても「Wiiを操作するための道具」という意味は変わりません。このように文脈に左右されない意味をミーニングと呼びます。

センスとミーニングという概念は、教育学においてはレフ・ヴィゴツキー（Vygotsky, L. S.）由来の概念として用いられています。両概念を、もっとも丁寧に整理し、定義したのは茂呂雄二です。以下、茂呂の文献からの引用です。

> シンボルを使用する場の中で〝文脈化された〟面と、さまざまの場で利用可能な〝脱文脈的な〟面（…中略…）。有意味性の二つの面を明確に呼び分けるために、ワーチを参考に、センスとミーニングを区別することにしよう。[*26]

もう一箇所、引用します。

> センスとは、対象およびシンボルから引き起こされる何かというよりも、その対象やシンボルに別のシンボルを利用し、表現活動によって応えることだといわなくてはならない。[*27]

茂呂による「センスとは、対象およびシンボルから引き起こされる何かというよりも、その対象やシンボルに別のシンボルを利用し、表現活動によって応えること」という洞察は、森田による「想（Idee）が制作（execution）につれて湧いてくること[*28]」という洞察を思い出させます。茂呂と森田は共に、表現活動（制作）において湧いてくる「アイデア（思いつき）」を論じようとしています。晃子が始めた「電話ごっこ」に響子が応じようとする際に、そばにあった別のリモコンを「受話器」にしようというアイデアを思いつく――その思いつきを論じようとしています。

しかし、本稿では、木村の議論を踏まえて「対象およびシンボルから引き起こされる何か」も、センスに加えたいと思います。それは、本章第３節で述べた「出来事によって触発された個々別々の感覚」です。

そうして、センスを「①対象およびシンボルから引き起こされる感覚であり、②その対象やシンボルに、別のシンボルを利用した表現活動によって応える際に到来するアイデア（思いつき）」だと定義しておきたいと思います。

このうち、「②表現活動によって応える」際に、別のシンボルがもつミーニングまでもが利用されるという点は、茂呂の卓見です。たとえば、「電話ごっこ」のなかで、「電話しながらメモを取る」という場面を表現しようとする時に、「メモを取るためのもの」という確固たるミーニングをもつ「メモ帳」を、小道具として利用したりします。それが「別のシンボルがもつミーニングまでもが利

＊26　茂呂雄二『人はなぜ書くのか』東京大学出版会、一九八八年、八五頁。
＊27　同前書、八九頁。
＊28　前掲書（＊3）、一〇三頁。

用される」ということです。

その点で、センスとミーニングは一体となって、一つの意味世界をつくりあげています。茂呂が次のように述べるゆえんです。

ここで注意しておきたいのは、センスとミーニングの区別についてである。この区別は抽象によって可能になるものであり、二つの付置関係がどのように変動しようとも、常に両者が一体となって有意味性をつくるということである。*29

ここでは「一つの意味世界」をつくることを「有意味性をつくる」という言い方で表現していますが、その際に、センスとミーニングは「常に両者が一体となって有意味性をつく」っているのです。

センスが与える生の実感――真木悠介の時間論

われわれが世界から意味を引き出したり、世界に意味を与えたりする際に、センスとミーニングという二種類の「意味」があるという考え方は、教育学のみならず、社会学でも採用されている考え方です。ここでは、社会学から、しかも時間論とかかわらせて、センスとミーニングを論じた真木悠介の言葉を引用しておきます。

「世界からは物そのものが消えていく」という（筆者注：永藤靖の）指摘は重要である。それはいわば、生の手ざわり《レアリティ》の喪失であり、平野仁啓がべつのところで「現在の時間の喪失」と表現しているように、今ある生の内的な意味（sense）の減圧が、生の外的な意味（meaning）をその外部に求めて時間意識を拡散させるのだ。[*30]

ここで真木が「生の手ざわり《レアリティ》」と呼んでいるものは、木村であれば「アクチュアリティ」と呼ぶものです。真木はここで、Wiiのリモコンを舐めまわす悠太がそうであったように、「生の内的な意味（センス）」（悠太が感受している感覚）が、手ざわり、舌ざわりといった身体的な現実感（アクチュアリティ）と結びついていることを言わんとしています。さらには、その手ざわり、舌ざわりが、その瞬間、その瞬間に生まれていること、すなわち、センスとアクチュアリティが「現在の時間」と結びついていることも言わんとしています。それは、木村が「アクチュアリティの次元は現在進行形の次元である」と述べていたことと同様の世界観です。

先の引用で真木は「生命論」「時間論」「意味論」をひとつらなりに論じながら、自身の世界観を描いているわけですが、そこでは「生の手ざわり」「現在の時間」「センス」の三者が結びついているのです。

＊29　前掲書（＊26）、九三頁。
＊30　真木悠介『時間の比較社会学』岩波書店、二〇〇三年、一四〇－一四一頁。

以上から、「生の内的な意味（センス）」と「手ざわり・舌ざわりの現実感（アクチュアリティ）」とが結びついていることはわかります。しかし、「生の外的な意味（ミーニング）」と「公共的に確認された実在（リアリティ）」とは同じように結びつくのでしょうか。

6 「文脈の外」にあるものとしてのミーニング
――ミーニングがもつ二面性（両面性）

まずは、茂呂の力を借りて、ミーニングが二面性（両面性）をもつということを確認しておきます。先の引用で、真木は、センスが「生の内的な意味」であるのに対して、ミーニングは「生の外的な意味」だと述べています。そのような考え方は、次の文章にも現れています。

〈現在〉の生がそれ自体のうちにコンサマトリーな〈意味（センス）〉を失っているゆえに、それはみずからの「意味（ミーニング）」をその外に求めて、未来や過去にさまよい出ようとする。*31

どちらの引用でも、真木は、人が「現在の生」それ自体の内側に意味（センス）を感受できない時に、「現在の生」の外側に、意味（ミーニング）を探し求めてしまうのだと述べています。真木がここで描く人間の姿は、木村が描く離人症者の姿、すなわち、リアリティは知覚できるのに、アクチュアリティの実感がなくなってしまうという人間の姿に重なります。*32 それは「生の内的な意味」

という「センス」と、それを感受する瞬間の現実感（アクチュアリティ）とを欠いたまま、「ミーニング」のみを実在（リアリティ）として知覚してしまう人間の姿です。

議論の性格上、茂呂の議論においては、このような人間の姿は登場しません。茂呂の議論においてはセンスとミーニングは一体となって、各人にとっての意味世界（有意味性）をつくりあげています。[*33] 一方で、真木の議論に登場するミーニングは、センスと一体になることのないミーニングです。木村が離人症者を「アクチュアリティを欠いたリアリティ」と呼ぶとすれば、真木のミーニングは「センスを欠いたミーニング」です。すなわち、自分の「生」に関する実感が、一重にしか感じられない。しかも、生の軸に来るべき「生の内的な意味（センス）」と、それを感受する際の「アクチュアリティ」とが欠けているので、どうしても病的にならざるを得ない、そうした人間の姿を描く際に用いられるのが、真木の「ミーニング」です。

のみならず、真木の言うミーニング（生の外的な意味）は、センス（生の内的な意味）を崩すもの

＊31　同前書、二五八頁。
＊32　前掲書（＊14）、一二八頁。
＊33　これを、木村の言うアクチュアリティとリアリティとを二重に感じることによって自分の「生」に関する実感を得る人間の姿と重ねたくもなるが、茂呂が考える行為の場面においてミーニングはアイデアとして登場するのに対し、木村が考えるのは、まさにリアリティが確認されていく場面である。木村は、ミーニングの議論をしていない。

として作用し得ます。

「手つなぎ泳ぎをやろう！」と言ったみーちゃんのアイデアを、そして、そのアイデアと結びついた「手つなぎ泳ぎ」のみーちゃんにとっての意味（センス）を、そのアイデアが生まれた文脈（時間）の外部にいる人間が、まったくもって異なる意味づけでもって評価することも可能なのです。その時、その評価者は「生の外的な意味（ミーニング）」でもって、みーちゃんの思いつきを意味づけて、高く評価したり、低く評価したりするわけです。

茂呂の言うミーニングも、真木の言うミーニングも、文脈（時間）の外側にあるという点では同じです。しかし、茂呂の言うミーニングは、文脈に依存しない意味であるがゆえに、「さまざまな場面」で利用可能な意味として利用されます。利用のされ方によっては、センスと一体となることもできます。文脈の外側に由来するものでありながら、文脈の内側で利用することも可能なのです。対して、真木の言うミーニングは、文脈に依存しない意味であるがゆえに、生の内的な意味を、外側から侵害するものとなり得ます。

両者の議論のおかげで、私たちは、ミーニングがもつ、このような二面性（両面性）を認識することができます。ミーニングが「文脈の外側にある意味」であることは間違いありませんが、それゆえに「さまざまな場面で、センスと一体となり得る」という側面と、「外側から、センスを侵害しうる」という側面とをもつのです。

7　センスが寄り合わされてコンセンサスが生まれる

さて、茂呂の言うミーニングが「センスと一体となり得るミーニング」であり、真木の言うミーニングが「センスを欠いたミーニング（それゆえ、センスを侵害し得るミーニング）」であるとしたら、木村の言う「リアリティ」は、そのどちらとも異なります。「センス」を通じて「アクチュアリティ」を実感できること、すなわち「センス」と「アクチュアリティ」とが結びついていることは、本章第５節で述べました。しかし「ミーニング」と「リアリティ」とは、同じようには結びつきません。「ミーニング」を通じて「リアリティ」を確認（知覚）できるわけではないのです。

木村の言うリアリティは、出来事のなかで到来した思いつきや、出来事のなかで感受された感覚（センス）を、みーちゃん自身も加わって、公共的に確認することから生まれるものです。もちろん、そこは公共の場ですから「それに参加する資格を備えたすべての人に対して開かれていて、一定の教育や訓練を受けさえすれば誰でもその一員になることができる」という点で、「ミーニング」的に「外的な意味」がその場に参加することは十分あり得ます。[*34] しかし、重要なのは、みーちゃんが、そ

＊34　前掲書（＊21）、二〇一五年、二一五頁。

の場に参加し得るという点です。そうして、みーちゃんのセンスも、外的な意味としてのミーニングも参加し得る公共の場で、公共的な意味が確認されます。

木村は、そうして公共的に確認され、公共的な意味が与えられた「実在」を「リアリティ」と呼びました（もしくは、そのような「実在」を通じて「リアリティ」の感覚が得られると考えました）。注意が必要なのは、こうした公共的な確認のプロセスにおいて、ミーニングが生み出されているわけではないという点です。こうした公共的な確認のプロセスにおいて、生み出されているものがあるとしたら、それは「コンセンサス」と呼ぶべきものです。その点を、説明します。

たとえば、公共的な確認のプロセスにおいては、「手つなぎ泳ぎ」がもつ、みーちゃんにとっての「内的な意味（センス）」とは別に、「手つなぎ泳ぎ」がもつ公共的な意味が確認されていきます。そこでは、「手つなぎ泳ぎ」に対して、みーちゃんが感受していた意味とは別に、ゆいちゃんが感受していた意味（センス）や、健太さんが感受していた意味（センス）が持ち出され、寄り合わされ、公共的な意味が生み出されていきます。この公共的な意味は、文脈の外部から到来するものではなく、あくまで文脈の内部に由来するものとして、各人の「内的な意味（センス）」が寄り合わされたものとして生み出されます。

このように生み出された公共的な意味を、ミーニングと呼んでいいのでしょうか。ミーニングがあくまで「文脈の外にある意味」であるとしたら、公共的な意味は「文脈の中から生まれてくる意味」ですから、ミーニングと呼ぶのは都合が悪いように思います。そこで、本稿では、この公共的な意味のことを「コンセンサス」と呼びたいと思います（「コンセンサス（con-sensus）」は「センス（sense）」が「共に（con）」寄り合わされたものという意味ですから語源的にも妥当だと思います）。公共的な確認を経て生み出されるコンセンサスは、「手つなぎ泳ぎ」というアイデアが、その場においてもっていた実在（リアリティ）としての意味を、ゆいちゃんに認識させてくれるものです。自分のアイデアがもつ私的な意味（センス）が、そのアイデアがもつ公共的な意味（コンセンサス）と重ねられることで、自分の「生」の実感を二重にすることができるのです。

木村は、アクチュアリティとリアリティが二重に実感されることによって、自分の「生」が実感されると述べたわけですが、それに対応するのは、このようなセンスとコンセンサスとの重なりです。ミーニングは、その有効性（有意味性）が文脈を超えたものである点に特徴がありました。それゆえ、茂呂の言うように文脈を超えて活用し得るという性格をもつのですが、真木の言うように文脈内で生じた意味を侵害してしまう一面ももちます。

コンセンサスは、その確認過程が公共的であるという点に特徴があります。木村の言うリアリティが、公共的な確認を経た実在性であるがゆえに、本人の「生」の実感（アクチュアリティ）を支え得るように、コンセンサスも、公共的な確認を経るがゆえに、本人の「生」の内的な意味（センス）を支えるとともに、「外的な意味づけ」によって、思いつきのよしあしが決定されてしまうことを避けるわけです。

みーちゃんが、私的に、自分なりに思いついた「いいこと」が、①まずは、自分の内的な意味（センス）によって意味づけられる、②そして、自分を含めた公共的な確認によって意味づけられる（コンセンサス）、③その時、外的な意味（ミーニング）によって意味づけられることは避けられなければならない——と書きたいところですが、私は、人が成長するためには、③の外的な意味づけに直面することも大事だと思っています。そのようなことも論じたくて、コンセンサスとミーニングの区別を試みた節もあります。

しかし、③の外的な意味づけがどのように大事なのかを論じ始めると、大幅に紙幅を超えてしまいます。ですので、その点は、機会を改めて、論じることにします。また、②のコンセンサスづくりにおいては、本章第3節で述べた「中動性を大事にすること」が「センスを大事にすること」として行われるわけですが、しかし、みーちゃんのセンスだけが特権的に大事にされるわけではありません。みーちゃんのセンスも、ゆいちゃんや健太さんのセンスも、対等に大事にされることになります。みーちゃんとゆいちゃんのセンスとが寄り合ってコンセンサスが生まれる場合だけでなく、センス同士がすれ違い、食い違い、なかなかコンセンサスが生まれない場合も大いにあり得ます。そうしたことも、機会を改めた際には、論じてみたいと思います。

8　矢野論文が開いた可能性

矢野論文が開いた可能性の豊かさを示そうと思って書き始めました。書き終えてみると、思いも寄らぬ場所までたどり着いてしまいました。お付き合いいただいた読者のみなさんには大変な思いをさせてしまったように思います。

しかし、おそらくこれが研究や学問というものの一つの姿なのだと思います。「何ものかの力」に飲み込まれ、想定を超えた場所に到達すること。私自身は、そうした中動態的なあり方が「遊び」のみならず「研究」や「学問」にも当てはまると思っています。とはいえ、読者のみなさんには、本章の軌跡を示しておいたほうが親切だと思いますので、最後に「あらすじ」を示しておきます。

1. 「思いつき」の場面を含めた、遊び全体が、中動態的に「自分たちにその出来事が起きた」としか表現できないものとして到来すること。
2. そうした出来事を説明するには、人間を超えた「何ものかの力」を想定せざるを得ないこと。
3. 「人間を超えた何ものかの力」が働く「アクチュアリティの次元」があること。その次元は、「いいこと」も「よくないこと」もすべてが混然一体となった、ある種のパラドックスを含んだ次元であること。そして、アクチュアリティの次元で到来する「いいこと思いついた」は公共的に確認される「いいこと」とは違う、「私的」な「いいこと」であること。
4. 私的な「いいこと」が、公共的に「いいこと」であるかどうかが確認されていく「リアリティの次元」が、「アクチュアリティの次元」とは別に存在すること。
5. 「アクチュアリティの次元」においては「生の内的な意味」としての「センス」が感受され

ていること。すなわち、「アクチュアリティ」と「センス」には結びつきがあること。

6.「生の内的な意味」としての「センス」とは別に、「生の外的な意味」としての「ミーニング」が存在すること。「ミーニング」はあくまで「文脈の外」に存在していること。

7.「リアリティの次元」と結びつくものとして「ミーニング」とは別に「コンセンサス」という概念を提示し得ること。それは「リアリティの次元」で生まれる「寄り合わされた意味」とでも言えるものであること。「コンセンサス」は「文脈の内」から生まれてくるものであること。

以上が本章のあらすじです。矢野論文が開いた可能性の豊かさが、このあらすじからも伝わってきます。読者のみなさんにその豊かさが伝わることを願っています。

第6章　「遊び心」と「しごと心」

佐伯　胖

1　「遊び心」とは

遊び心（playfulness）について、ジョン・デューイ（Dewey, J.）は次のように語っています。

遊び心は遊びそのものよりも重要である。前者は心のもちよう（attitude）であり、後者はこの心のもちようが一時的に現れ出たものである。[*1]

＊1　Dewey, J. (1933 originally 1910). *How we think*. DC. Heath and Company, p.210.
なお、邦訳には、ジョン・デュウイー、植田清次（訳）『思考の方法』春秋社、一九五〇年があるが、旧仮名遣いで用語も漢語が多く、本章では参照せず、引用文はすべて原著からの佐伯訳である。

デューイは、「遊び心」という心のもちようは、自由そのものだとしています。子どもが箒でお馬さんごっこをしている時、あるいは椅子を自動車に見立てている時、箒の物理的特性は馬を表して（represent）はいませんし、椅子自体も自動車とは似ても似つかぬものでしょう。大切なのは、そこで自由に展開されている「意味の世界」であり、自然界の、社会の、あるいは架空の世界の出来事や物語が多様に繰り広げられています。空想はとどまるところがないし、想像も、現実世界のなんらかの物事を暗示（suggest）しつつ、どんどん展開していくもので、それがどのように展開されるかは、まさに「気の向くまま」でしょう。

2　「しごと心」とは

デューイは、「遊び」と一見対立しているように見える「しごと」について、次のように論じています。

デューイは、「しごと（work）」もまた心のもちよう（態度：attitude）の一種だとしています。[*2]本章では、それを「遊び心」に倣って「しごと心」として、「遊び心」の現れである「遊び」に対応して、「しごと心」の現れを「しごと」と表記することにします。

「しごと心」は、「やりとげたいこと」（目標／結果）に焦点を当てており、当然、それを実現する「手立て」（手段）に関心（interest）が向けられています。「どうすればその結果が得られるか」を考え、適切な手段を見つけようとするのです。

このようなことは、「遊び心」にはありません。「遊び心」は、「遊んでいる」というプロセス自体のおもしろさに関心があり、「結果」がどうなるかは、それほど関心がないでしょう。

しかし、「遊び心」はそれが成し遂げる結果（目標）にはあまり関心が向いていないとしましたが、デューイは、それが度を超す（結果がどうなるかを全く考慮しない）と、たんなる「ふざけ（fooling）」に陥るとしています。[*3]

「ふざけ」は断片的でまとまりのない思いつきで、その場かぎりで消えてしまうものでしょう。それを防ぐためにデューイが提案するのは、結果（行き着く先）や目標（達成したいこと）をわかる範囲で予想し、思いめぐらせることだというのです。「こんなことやっていて、この先どうなるのだろう？」と考えてみるのです。

「遊び」のなかでも「結果」（あるいは目標）がどうしても気になり出すと、それは「しごと」をするということに、自然に心が向かうでしょう。つまり、「しごと心」（本気で探求する気）になるという心のもちよう（態度：attitude）に切り換わるのです。

また「しごと心」は、行為の結果（目標）に関心があるのですが、当然それを達成するための手

＊2　Ibid., p.210.
＊3　Ibid., p.285.

段を探し求めます。手段はさまざまな試みで探し求められるでしょう。手段が見つからない時、あらためて「遊び心」でさまざまな可能性に想像をめぐらせ、目標そのものを修正ないし変更するということになるかもしれません。

デューイはそのような「探究のなかの自由な遊び（free play of thought in inquiry）」は、真理の探究には欠かせないこととしています。デューイは「しごと」のなかに「遊び心（playfulness）」が入り込んでくることこそが、「探究（inquiry）」の本来の姿だとしているのです[*4]。このことは、本章第5節であらためて論じることにします。

3　「しごと」が「苦役」になる時

「しごと心」は結果（目標）に関心が向いているのですが、それが度を超すと、デューイは「しごと（work）」が「苦役（drudgery）」になると警告しています[*5]。そこでは「やっていること（行為）」自体には価値（よさ感覚）はなく、「結果を出すこと」だけにしか価値がおかれていません。そうなると、「やっていること」それ自体、そのプロセスはまさに「苦役」となり、嫌悪を引き起こし、おじけづき、逃げ出したくなるものです。

デューイは、子どもが幼稚園や保育所では、「自由に思い切り遊ぶこと」をしていても、学校に入ると、もっぱら「言われたことを繰り返し実行する」という「しごと」（いわゆる「勉強」）に従事するよう仕向けられがちになるとしています。そのような「しごと（勉強）」で得られるべき結果の価値（善さ）は、遠い先に得られるはずのものですが、それは教師にしかわかっていないことが多く、それでは学校での「しごと（勉強）」が「苦役」になってしまうと警告しています。

もともとは「遊び心」から自然に湧き起こるはずの「しごと心」が、「遊び心」を否定することに陥る危険性を、デューイは警告したのですが、多くの学校では、それが平然とまかり通っているのではないでしょうか。子どもたちに、楽しみのない「苦役」を課して「我慢強さを養成する」とされる言説を、デューイはきっぱりと「まったく間違っている（wholly fallacious）」としています。[*6]

4　「学校嫌い」を乗り越えて

ゲーツェルら（Goertzel, V. & Goertzel, M. G.）の "*Cradles of Eminence*"（『卓越性のゆりかご』）[*7]には、卓越した業績のある四〇〇人以上——作家、指揮者、演奏家、発明家、科学者、政治家など——

＊4　Ibid., pp.286-287.
＊5　Ibid., p.285.
＊6　Ibid., p.286.
＊7　Goertzel, V., & Goertzel, M. G. (1962). *Cradles of eminence: A provocative study of the childhoods of over 400 famous twentieth - century men and women.* Little Brown & Company.

について、彼ら／彼女らの幼少期の育ちを調べた結果が詳細に報告されています。

それによると、四〇〇人を超える卓越者のうち、五分の三が深刻な学校問題（serious school problems）を経験しているというのです。以下はその内容（Chapter 10: Dislike of school and school teachers）を要約したものです。

そのような（後に卓越した業績をあげた）人たちの多くは、自分独自の探究課題に興味が限られ、他のことに関する教科内容にはまるで興味を示さないことが多かったとのことです。学校では彼ら／彼女らが行儀よくきちんとしていないとか、時間割の決まりに従わないとして、先生からは非難され、クラスの他の子どもたちからは彼ら／彼女らが「当人以外の誰も興味をもたないこと」ばかりを話したがるとして嫌われ、いじめられ、仲間はずれにされることが多かったということです。つまり、卓越した業績をあげた人たちの多くは、「遊び心からの学び」を捨てないでいたのですが、学校ではそれが「認められない」ことで苦しむ（まさに「苦役」を課せられる）ことになっていたという現実が語られています。

しかし、彼ら／彼女らの家族に共通しているのは、家族は通常の学校教育には否定的であり、彼ら／彼女らが学校外の活動にのめり込むのを容認したり、励ましたりしており、時には学校へ行かせなかったり学校を変えたりもしているということです。ゲーツェルらの報告によると、四〇〇人を超える卓越者たちのほとんどすべての家庭では、一方か両方の親が「学びへの愛（love for learning）」をもっていたというのです。それは知的探究に対する「身体にほとばしる活力（physical exuberance）」

や、目標に向けての辛抱強い動機づけ（persistent drive toward goals）が家庭内でも大切にされていたことを指しています。

5　まじめな遊び（serious play）とは

デューイは、「遊び心」と「しごと心」をつなぐものとして「まじめさ（seriousness）」をあげています。「遊び心」と「まじめさ（seriousness）」について、デューイは次のように述べています。

遊び心とまじめさは同時に並存し得るし、それこそが「心のもちよう」の理想形である。（To be playful and serious at the same time is possible, and it defines the ideal mental condition）*8

「遊びのおもしろさ」をもっと高めようと考えると、「得られる結果」をもっと善いものにしたくなり、自然に「しごと心」になります。葉っぱをお皿に見立ててお店屋さんごっこをしていると、もっと「本当らしさ」をもたせるために、お皿を粘土で製作しようという「しごと心」が芽生えてくるでしょう。その場合は、「もっとおもしろくする」ため、あるいは、「たんなる空想（絵空事）」でなく「ホンモノの世界に近づく」ために、「しごと心」になるのです。この場合、特定の「目標」

＊8　Dewey, op.cit., p.286.

を決めて、何としてもそれを実現すべく多様な手段（手立て）を試み、当該の目標に直結する手段が見つかれば、その実行にとりかかるのですが、その時はまさにまじめ（serious）な活動となるでしょう。しかしその場合でも、「しごと心」が優先するようになってはいますが、底流には「遊び心」があります。

そのような場合の「しごと」は、「まじめさ」のなかにも遊び心の楽しさを伴い、いわば「ワクワク感のあるしごと」になっているでしょう。デューイはこれこそが「心のもちよう」の理想形であるとしているものであり、あえて名づけるならば、「まじめな遊び（serious play）」と言うことができるでしょう。[*9]

ワッサーマン（Wassermann, S.）は「教室におけるまじめな遊び（Serious play in the classroom）」と題する論文で、「まじめな遊び」を教室に持ち込むことの重要性を述べています。[*10] この論文の副題は、「いかにやりたい放題がノーベル賞獲得を可能にするか（How messing around can win you the Nobel Prize）」となっています。ここでの"messing around"を辞書で調べると、「目的もなくその物で遊んでいるか、その物を台無しにしていること」とか「いじくりまわしていること」などとされていますが、ここでは「やりたい放題」という訳をつけました。

ワッサーマンはこの論文の書き出しに、先のゲーツェルらの『卓越性のゆりかご』[*11]を引用して、偉業を果たした四〇〇人の幼児期について、そのほとんどの家庭では標準的な学校教育に対して否定的であったことを指摘しています。[*12] ゲーツェルらがあげている例として、ライト兄弟（飛行機の発明家）が幼小の頃、「裏庭のいろんなものを引っかきまわす（tinker around in the backyard）ために学校に行かない」ことを容認してほしいと母親に願い出て、母親はそれを認めたことを取り上げて、もしも彼らが学校に行くことを強制されていたら、後年の飛行機の発明はなかっただろうと述べています。[*13]

ノーベル賞受賞の物理学者ファインマン（Feynman, R. P.）の著書『ご冗談でしょう、ファインマンさん』[*14]によると、幼少期（一一〜一二歳の頃）に、自宅の地下室に「実験室」をもっていて、さまざまなガラクタを持ち込み、それらを修理したり、多様な「仕掛け」（たとえば、触っただけで大音響が出る警報器など）をつくって、人を驚かすのを楽しんでいたようです。ファインマンも「やりたい放題」を容認してくれる家族に恵まれていたのでしょう。

＊9　先の「遊び心のしごと（playful work）」という言い方に倣えば「しごと心の遊び（workful play）」と言いたくなるが、workfulという単語は通常の辞書にはない。
＊10　Wassermann, S. (1992). Serious play in the classroom: How messing around can win you the Nobel Prize. *Childhood Education*, *68*(3), 133-139.
＊11　Goertzel, & Goertzel, op.cit.
＊12　Wassermann, op.cit., p.133.
＊13　Ibid. p.133.
＊14　Feynman, R. P. (1985). *"Surely you're joking, Mr. Feynman!": Adventures of a curious character*. Norton & Company.（大貫昌子（訳）『ご冗談でしょう、ファインマンさん（上）（下）』岩波書店、二〇〇〇年。）

ワッサーマンはゲーツェルらの著書から、卓越した人たちの多く（たとえばエジソン、アインシュタイン、チャーチルなど）が幼児期に「気の向くままに、やりたい放題のことをすること（messing around）を容認されていた」ことを重視して、そのような「やりたい放題」を教室に持ち込むことを提案しています。[*15]

提案の一つは「オープン・プレイ（開かれた遊び）」という方式で、教室にさまざまな雑貨物（ブロック、絵や写真のコピー、多様な洋服、粘土、木切れ、金物〔鍋、調理道具、大工道具〕、楽器、さまざまな大きさと色の紙、布切れ、針金、紐やテープ、などなど）、さらにそれらを「測る」定規や計量器具もそろえるのです。そのうえで「何をやってもいい、何か形になるものをつくってください」としきます。ただ、このような完全に「何でもよい」というのでは、「何をしていいかわからない」で「何かをつくり出すことが全然できない」子どもたちも出てくるとのことです。

そこで第二の提案は、「焦点化したプレイ（focused play）」で、そこでは教師がたとえば「過去一〇〇年の男女衣装の変遷を見る一〇〇枚の写真」を見せて、「何かもっと知りたいこと」があったらそれを調べるのを手伝うとか、「何かやってみたいこと」、「何かつくってみたいこと」がないかを聞き出して、それらの活動を援助するという方式です。

ワッサーマンは「まじめな遊び」の特徴について次の五項目をあげています。[*16]

（1）　遊びが「生成的（generative）」であること

「正しい」とされていること（正解）を得ることではなく、「だったら、どういうことになる?」という新たな問いを次々と生成していくこと。

（2）未知のリスクを伴うこと
「想定外」の不都合な結果（障害、困難、など）も生じ得ることを受容する（覚悟しておく）こと。

（3）「失敗」というものは存在しない
「正解、不正解」の判定をしない。「想定外」は新たなチャレンジと見なすこと。

（4）自律的（autonomous）であること
何をするか、どうするかは、自分（あるいは自分たち）で決めること。

（5）からだを動かすこと
「考える」より先に、まずやってみること。

ワッサーマンはそのような「まじめな遊び」では、さまざまな段階で、「それで自分はどれだけ心地よいか?」を問うてみて、「心地よくない」なら方向転換するか、別の可能性を選択するのがよい

＊15　Wassermann, op.cit., pp.136-139.
＊16　Wassermann, op.cit., p.135.

だろうとしています。[*17]

6　レッジョ・エミリアの「レミダ」実践

ワッサーマンの「教室にやりたい放題を持ち込む」提言を読んだ時、私はイタリアのレッジョ・エミリアの幼児教育が長年実践していることを思い起こしました。

レッジョ・エミリアには「レミダ（REMIDA）」と呼ばれるリサイクル・センターがあります。子どもたちは「レミダ」に行って、さまざまな「おもしろそうな雑貨物」を手に入れて、幼児学校で活用しているのです。

「レミダ」については、森眞理が『レッジョ・エミリアからのおくりもの――子どもが真ん中にある乳幼児教育』という著書のなかで、レミダのホームページからの引用を次のように要約しています。

使用法や手法を再発明することを目的に、工業製品から出た廃棄物や在庫品から出た素材を集め、展示し、提供します。レミダは不要とされる材料や出来そこないの製品、言いかえると無用なモノに素晴らしい価値を与えることから、環境や建物の変化をもたらすための新しく楽観的で行動的な文化的なプロジェクトなのです。それは、コミュニケーションのための新しい機会やモノ、環境、そして人間にコミュニケーション力と創造性のための新しい機会を促進（育成、助長）するためにあります。[*18]

レッジョ・エミリアの幼児学校では、「レミダ」から持ち込んできた雑貨物（素材）をもとに、何か「鑑賞に値するもの（作品、イベントなど）」に向けて、子どもたち同士がいろいろな考えを出し合ってつくり出していくのです。これは何らかの「成果」を設定して、計画的に実行していくという、いわゆる「プロジェクト」ではなく、子どもたちが話し合い、分かち合いながら、その都度「次に進むべき道」を決めていく、というもので、「プロジェッタツィオーネ」と呼ばれています。また、毎年五月に開催される「レミダ・デー」という芸術文化の祭典では、レミダの素材でつくられた作品が街中に並べられ、素材でつくられた道具や衣装に身を包んだアーティストによる楽器や歌、踊りのパフォーマンスが繰り広げられます。街中の人々が楽しむイベントですが、世界中の人たちも見学に訪れています。

7 「造形遊び」について

昭和五二年（一九七七年）改訂の小学校学習指導要領で、低学年の図画工作科の表現領域に「造形

＊17 Wassermann, op. cit., p.138.

＊18 森眞理『レッジョ・エミリアからのおくりもの――子どもが真ん中にある乳幼児教育』フレーベル館、二〇一三年、一八頁。

的な遊び」という項目が設定されました。平成元年（一九八九年）の改訂以後、呼称は「造形遊び」と改称されています。平成元年の改訂で中学年（三・四年生）まで、平成一〇年（一九九八年）の改訂で高学年（五・六年）にも拡大されて現在に至っています。

学習指導要領のなかで、「遊び」と名のつく項目が明記されているのは図画工作科だけです。音楽科に「音遊び」とか「曲づくり遊び」とかがあっても不思議ではないと思いますが、残念ながら見当たりません。

昭和五二年の改訂での図画工作科における「造形遊び」の導入に中心的な役割を果たしたのは、当時千代田区立番町小学校教諭であった西野範夫で、その後文部省教科調査官および視学官として、三回の改訂にも携わりました。

幸い、私は西野と対談する機会があったので、「造形遊び」の設定に至った経緯などについてお話を聴くことができました。[*19] そこでわかったことの要点は以下の通りです。

(1)　「造形遊び」という言葉は、昭和五七年度以前から図画工作科をめぐる議論のなかで頻繁に使われていたようです。「図画工作」という名称を「造形」とすべきだという提案も議論されていたようです。

(2)　西野は、それをあえて「造形的な遊び」と定めたのは、「造形」そのものを目的とする活動にはしない、という観点からだったとのことです。当時の図画工作科の授業では、描画（お絵かき）など、作品づくりが中心で、そこでさまざまな技法が伝授されるというのが一般的だったとのことで、そこから脱して、子どもがさまざまな素材と出合い、自由に遊ぶことから、「子どもたち一人ひとりのその子らしい造形表現のありようを回復する」必要性が迫られていると考えたとのことです。

図画工作科の指導要領改訂に向けた教育課程審議会では、西野の「造形的な遊び」には反対が多く、なかなか認めてもらえなかったそうです。そこで彼は毎週土日に千葉や茨城、北陸のほうまで足をのばして、海岸で遊ぶ子どもたちの生き生きとした様子や、子どもたちの遊んだ跡などを写真に撮って教育課程審議会で見せ、子どもたちのこのような姿が学校で見られなくなっていることから脱することが急務であると力説したとのことです。

（3）

「造形的な遊び」（平成元年の改訂以後「造形遊び」）についての西田の熱い思いは、デューイが「学校での学び（勉強）」が「苦役（drudgery）」になりがちなことへの警告とともにそれを脱するには「まじめさ（seriousness）」と並存する「遊び心（playfulness）」の導入が必要だとしたこと、また、ワッサーマンが教室に「やりたい放題（messing around）」を導入する「まじめな遊び（serious play）」を

＊19　西野範夫・佐伯胖「ポケット・インタビュー：西野範夫×佐伯胖」『美育文化　ポケット』第二八号、二〇二〇年、二〇―二六頁。

提言したこととも相通じていると思われます。

8　「まじめな遊び」で開かれる知――「天然知能」

「まじめな遊び」というのは、「知（intelligence）」についての新しい観点を提供しているように思われます。

デューイは「遊び心（playfulness）」と「まじめさ（seriousness）」は矛盾するものではなく、並存し得るし、むしろそれこそが「心のもちよう」の理想形であるとしたのですが、それのような、まじめさ（seriousness）と遊び心（playfulness）が混然一体になった「知性」とはどのようなものなのでしょうか。

それについては、郡司ペギオ幸夫が提言している「天然知能」というのが、それに当たるのではないかと考えられます[*20]。

「天然知能」とは

郡司によると、知能には人工知能、自然知能、そして天然知能の三種類があるということです。

人工知能（Artificial Intelligence: AI）というのは、コンピュータのもつ知能と同じ性質をもつもので、内蔵されている既有知識や知識を関係づける枠組み（スキーマ）にもとづいて、新しい知識を獲得するという知能です。自らの経験の蓄積（データ）にもとづく知であり、郡司はそれを「一人称的知性による知」としています。つまり、どこまでも「私」の経験から意味づけられ、推論される知であるということです。当然のことながら、自分の経験知と関係づけられない事柄は、「視野の外」に置かれ、思考の対象にはされません。しかし、経験されること（入力データ）と関係づけられる可能性のある事項は、まさに「限りなく多様」であり、それを意味づけ／関連づけられる知識や枠組みは、あらかじめ想定できるものではないということは、人工知能研究では「フレーム問題[*21]」と呼ばれ、解決できない問題と見なされています。

自然知能（Natural Intelligence: NI）というのは、いわゆる「自然科学」で解明され得る知性で、「客観的」な事実を得る知性です。自然科学の法則と論理的推論による知であり、郡司はそれを「三人称的知性による知」としています。そこでは、通常の経験知からは「想定できない」ような仮説（数学では「〇〇予想」と呼ばれて、世界中の数学者がその「証明」にしのぎを削って探究していること）もあ

＊20　郡司ペギオ幸夫『天然知能』講談社、二〇一九年。
＊21　「フレーム問題」について、『広辞苑（第七版）』（岩波書店、二〇一八年刊）では、以下のように説明されている。
「人工知能研究で、ある出来事が生じたときに変化する事実の領域をどう画定するかという問題。例えば紅茶の入ったカップを移動するとき、カップの位置は変化するが、紅茶の量は変化しない。しかし人工知能は、変化しないもの（フレーム）とするものをあらかじめ記述しておかなければ、この状況を理解できない。」

りますが、それも必ず「正解」があると信じられているわけです。物理学の世界でも、「予想」はされながら実証されていなかったものが数十年経ってやっと検証された事実や発見された物質もありますが、現在も未解決のままの問題もたくさんあります。

人工知能と自然知能に共通しているのは、最終的に決着がつく（正解が存在する）ことを想定して探究されるということで、時には「正解が存在しない（あるいは想定された物質は存在しない）」ということが証明ないし検証されるということもありますが、それでもそのことで「決着がつく」わけです。

ところで、天然知能（Natural Born Intelligence: NBI）というのは、「決着がつかない」知性です。肯定（Aである）と否定（Aでない）が両立する知です。

例をあげると、「デジャブ」（既視感）という感覚があります。明らかに「見たことのあるはずのない（これまで訪れたことのない場所の）風景が、「見たことがある」という感覚を伴って見えるということです。あるいは、東日本大震災で被害を受けた人（被害者）が、自らの「被害者意識」とともに、自分が救えなかった人たちへの「加害者意識」にさいなまれるというケースもあるとのことです。先に、デューイが「遊び心（to be playful）」と「まじめ心（to be serious）」が両立することこそが心的状態としての理想だとしていたと指摘しましたが、そのことは、一九一〇年にすでに「天然知能」という知のありようを予見していたと言えるのではないでしょうか。

「わかるけど、わからない」

郡司は金子みすゞの「雀のかあさん」という詩を取り上げて考察しています。[*22]

子供が
子雀
つかまえた。

その子の
かあさん
笑ってた。

雀のかあさん
それみてた。
お屋根で
鳴かずに
それ見てた。

最近の人工知能は「心の理論」（他者の「心」を解釈する理論的枠組み）も仕組まれており、雀のか

＊22　前掲書（＊20）、三五－三九頁。

あさんは「悲しんでいる」と結論づけることは難なくやってのけるでしょう。また、心理学の見地からも、雀のかあさんの悲しみについてさまざまな解釈を提供するでしょう。しかし、私たちがこの詩を読んだ時は、「わかるけど、わからない」、「わからないけど、わかる」、あるいは「わかるけど、わかってしまってはいけない」という思いが次々湧き起こり、決着がつかないままになるのではないでしょうか。このように、「決着がつかないこと」が次々展開されるというのが「天然知能」なのです。

郡司は次のような例についても考察しています。[23]

自分（私）と他者（あなた）とは「同じ」ではありません。でも二人が「私たち」という関係にあるなら、どこか「共通点」があるわけです。でも「私とあなた」の共通点に注目する時は、「共通していない」側面は除外しているわけです。つまり、「私たち」に「私」が所属するなら、「私」の中の「共通していない」側面を除外しているわけです。そうなると「私たち」というのは、「私」でもないし「あなた」でもないことになります。それでもコミュニケーションが成り立つとしたら、それはコミュニケーションを通して、「私たち」の外側から、「私」でないけど私、「あなた」でないけどあなた、が立ち上がってくる（やってくる）のを待ち受けて、そのつど更新される「新しい私」が「新しいあなた」と対話するのだというのです。[24]

このように、「想定していなかったこと」、「思ってもいなかったこと」が、「外側」（どこかわからないところ）から「やってくる」のを待っているという知の在り方こそが「天然知能」なのです。

コミュニケーションについての郡司の説明を読んで、思い出したことがあります。それは、かつて私が『イメージ化による知識と学習』という本の中で出している例ですが[*25]、江川卓がかつて法政大学のピッチャーだった時、初対面の打者には、試合中さんざんに打たれることがあるのに、二度目の試合では、たいていの場合、完璧に封じてしまうと言われていました。新聞にのっていたインタビュー記事によると、記者が江川投手にそのことについてたずねると、江川投手は次のように答えたとのことです。初対面の打者にはいろいろな球を投げてさんざん打たれるけど、さまざまの投球に対するその打者のフォームを眼底に焼きつけておき、試合のあと、その打者になりきって打者の打撃フォームをなるべく正確に、自分で素振りをしながら再現してみるのだ、というのです。そうすると、たちまちその打者が自分（投手）のどこを見てどういう振りをし始めるのかがわかり、そ

＊23 Gunji, P. Y. (unpublished). *Natural born intelligence manifesto: Illustrating the dynamic perspective for phenomenal consciousness.*

＊24 このことから、郡司は、人工知能を「一人称的知能」、自然知能を「三人称的知能」として、天然知能を「一・五人称的知能」としているが、これは佐伯流に言えば、まさに「二人称的知能」と呼びたいところである。「二人称的アプローチ」については、以下を参照。
ヴァスデヴィ・レディ、松沢哲朗、下條信輔『発達心理学の新しいパラダイム——人間科学の「二人称的アプローチ」』中山書店、二〇一七年。

＊25 佐伯胖『イメージ化による知識と学習』東洋館出版社、一九七八年、七七–八四頁。

の結果どういう種類の球には弱いかがよくわかるので、次の試合では、彼の弱点をつく球を投げることができる、ということだったようです。

これを郡司の「あなたと私」論に倣って説明すると、江川は相手の打者に「なりきって」彼のフォームを素振りしながら、「あなた」でないあなた、「私」でない私が、「やってくる」のを待ち、そこから生まれた「新しい自分」で次の試合に臨んでいた、と考えられるのではないでしょうか。

「擬人的認識論」再考

拙著『イメージ化による知識と学習』で、江川投手の「相手になってみる」という話を出しているのは、そこから「擬人的認識論」というヘンテコな論を展開するためでした（第一章　擬人的認識論序説）。そのヘンテコな「擬人的認識論」というのはこういうことです。

私が世界の物事を理解する時、私はいくつもの分身（コビト）になって、世界のさまざまなヒト、モノに入り込み、そのヒトやモノに「なって」、かけめぐる（活動する）のです。江川投手が「打者になってみること」で、二度と打たれない投球を投げられたというのは、その擬人的認識論の実践だったと考えられるでしょう。

「擬人的認識論」では物事（ヒトを含む）をどのように「知る」のかについて、もう少し詳しくそのプロセスをたどってみましょう。そのために、「湯呑みを見る」ということについて、詳しく考えてみることにします。

以下は『信濃教育』誌に掲載された拙文「内側から見る」[*26]の一部を若干修正したものです。

ここに一つの湯呑みがあります。それを「外側から見る」とはどういうことでしょうか。それはこの湯呑みの形、色合い、模様、手触り、傷やひびのあるなし、持ちやすさ、質感などのさまざまな特徴を手に取ってよく調べ、それが信楽焼きだとか萩焼だとかの知識も利用して、一般的な価値基準に照らして見続けることを意味しています。

ところでこの湯呑みを「内側から見る」こともできます。それはこの湯呑みの「内側」に入り込んで、湯呑みに「なって」見るということです。

それは、この湯呑みの存在そのものにおのれ自身の存在の全体をすっぽりと浸り込んで、この湯呑みの誕生から今日まで、さらにこれからの将来を、おのれがこの世に存在していることの重みをかけて実感してみるのです。ここがどうだとか、あそこがどうだとかの特徴にラベルをつけることを拒否し、黙して語らず、じっとたたずんで、そこに「ある」という事案を深くかみしめる。すると自然に、おのれ(湯呑み)の生成と発展の歴史が時間・空間を凝縮させて感じられてきます。まず広大な粘土層のなかからていねいに選びとられる土の塊から、ロクロにのせられて形づくられ、陶芸家の理想に即して、しだいに湯呑みとしてのバランスのよい、適度の厚みをもった新しいおのれに変身していく。

それが、さまざまな釉薬をつけられて、高熱の炉で長時間焼かれ、しっとりとした色合いを帯びて、い

＊26 佐伯胖「内側から見る」『信濃教育』第一二五三号（四月号）、一九九一年、四－一一頁。

わば「成人」として世に出る。さまざまな人びとの手にわたり、茶をそそがれ、飲まれ、洗われ、しまわれ、そして落とされて割られ、ごみと一緒に捨てられ、土にまじわり、それから何十年、何百年、さらにもっと、そこに存在しつづけていく……。

このように、湯呑みの内側に、湯呑みに「なって」「見る」という時、見えているのは湯呑みそれ自体ではありません。むしろ湯呑みが変身し生まれ変わっていく時の、その時その時に出会う周辺の事物であり、人々であり、置かれている環境の風景です。湯呑みというのは、それに「なっている」という実感、存在感として、おのれ自身の存在の確かさをもって感じられる、おのれの「からだ」です。「経験」されるおのれ自身の変身や、新しい世界との出会いは、喜び、悲しみ、苦しみとともに、おのれのからだの成長の過程として経験されます。

さて、このような内側にひとたび入り込んだところで、あらためて、先の「外側からの見え」を受けているものとして、内側から感じ直してみましょう。そうすると、形がどうだとか、色がどうだとかいって、特徴づけられたり、価値づけられたりしていたことが、うれしくもあるが、つらくもあることがわかります。

つまり、「大切に扱ってもらえること」としての感謝がこみ上げてくるかもしれませんが、「もっとよくみてほしい」、「この私の存在そのものを、大切にしてほしい」と叫びたくなるかもしれません。さらに、外側からおのれ（湯呑み）を見ている「外側」なるものも、そこに分身（もうひとりの私）を派遣し、そこからの評価や扱いについて「感じ」つつも、外側から見ている存在が、やはりそれなりに、そこに「ある」ということ、つまりは、それなりに必然性をもった存在であることが見えてくるでしょう。

さらに目をこらすと、この湯呑み（私）の周辺で、別の事物や人の存在がさまざまにうごめき、活動している風景として、はっきりと見えてきます。しばらくその風景を見渡していると、いくつかのものは、それぞれ「親しい存在」として見えてくるでしょう。今度はそういう「外側のものになった目」で、先の湯呑みの形や色、模様を見つめてみると、先には時に「痛み」を伴った「外側からの視線」が、今度は、「やさしい視線」として、さきの「おのれ」（湯呑み）に語りかけてくることばとして、感じられます。そういう「外側からの語りかけ」を全身で感じ、それに応えようとしていくと、以前には思いもよらなかった「おのれ」の別の姿が浮かびあがってくるでしょう。わずかな欠けた傷が、それができた時の「出来事」の記憶をよみがえらせ、育ってきた「歴史」を物語っていることにも気づきます。先にあげられた「特徴」というのも、一般的な価値基準に照らした「評価」とは無縁に、一つ一つが大切な、いとおしいものであり、独自性をもち、唯一性をもつものとして感じられてくるでしょう。

モノになってみる、モノの内側から見るということは、このように、それ自体が「今ある」ことにかかわってきた出来事、「これから」かかわっていく可能性のある「外」のことなどを、いとおしさをこめたまなざしで「みる」ということなのです。

何かに「なってみる」時、「私」は確かにこの私（自分）ですが、同時に、そこにある「湯呑み」でもあるのです。さらに、その湯呑みが出合ってきたであろうモノやヒトたち、また、これから出合うであろうモノやヒトたちにも「なって」しまうわけですから、これは「天然知能」というしかないのではないでしょうか。

天然知能はいつ「降って湧いてくる」かはわからず、私たちはそれを「待つ」しかない。そのためには、さまざまな「生きざま」（外界世界への受容的構え）を試みて、「やってみる」、「なってみる」、「（知るというより）感じてみる」しかないのではないでしょうか。

これが、矢野のいう「いいこと思いついた！」における「いいこと思いつく」という知のありよう（知性／知能）を指していると思われます。

第7章　養成校の視点から遊びの指導を問い直す

岩田恵子

1　保育者養成校で学生は遊びをどう学ぶのか

「いいこと思いついた」。

この言葉を聞いた時、遊びで体験する未知なる世界へのドキドキやワクワク、そして、これから起こる楽しいこと、おもしろいことへの期待が詰まっていることが見事に表わされているように感じました。「『いいこと思いついた』という出来事は、子どもが『遊んでいる』という事実を象徴する出来事」[*1]だからこそ、そのように感じたのだと思います。

＊1　本書第1章（八頁）参照。

けれども、学生が養成校において保育について学んでいく時に、「遊び」をこの「いいこと思いついた」という言葉に象徴されるようなものとして、学んでいっているのでしょうか。むしろ、学生自身のそれまでの経験や、養成校で保育を学ぶ際に出合う「遊びの指導」という言葉に縛られ、「いいこと思いついた」に象徴される遊びは見えていないように思います。そこで、本章では、まず学生が「遊び」をめぐりどのように捉えているかを分析します。そして、この分析から見えてくるように、「遊び」を「いいこと思いついた」とは捉えることが難しい学生が、子どもに出会いかかわる実習という場で、遊びをどう考えるようになっていくのかを検討します。

2　「能力」に呪縛されている学生

学生は、保育の世界に入っていく前に、養成校で遊びや保育の営みをどのように考えているのでしょうか。その一例として、ある早期教育を行う保育所の一日を紹介した動画を見てどのように捉えるかを考えてもらうという授業から検討してみます。この動画に映されている保育所では、午前中は、走ったり、ひらがなを書いたり、本を読んだり、計算をしたり、音楽の時間があったりと次々と授業のようにプログラムがあり、子どもたちは自分のペースで、積極的に学んでいくと紹介されます。そして、午後は「自由に遊んでよい」とされていると短く映像が入りますが、そこで見られる遊びは、午前中、やっていたことから選ばれていることが多いように見えます（保育室のなか、園庭には、午前中のプログラムに必要な環境のみがそろっているように見えるので、それも当然かもしれません）。

この動画を見てもらう学生たちには、ふだん見ている保育所や幼稚園の環境や子どもたちの遊びとどのように異なるかを検討してもらうとともに、「この保育が、通わせている保護者に評判が良いわけは？」「自分も通いたかった？　自分の子どもも通わせたい？」ということも考えてもらいます。するとと、私にとっては思いがけず、「保護者に評判が良いのはよくわかる」「自分も通いたかった」「自分の子どもも通わせたいと思う」という声がかなり返ってくるのです（もちろん、「自分は通いたくなかった」「自分の子どもは通わせたくない」という声もあり、授業ではこの二つの意見を対比して考えていきますが、今回は、この早期教育に肯定的な意見のほうを見ていきます）。

「自分も通いたかった」という意見の学生は、「自分は今、運動が苦手だけれど、この園に通っていたら、もっと違う自分であったのではないか」「絶対音感が身につけられるなら通いたかった」というように、自分に今ない「能力」を、この保育だったら身につけられただろう、と考えていることが多いようです。そして、「自分の子どもを通わせたい」と思う学生は、我が子が、このような今の自分が苦手なことが、「できる」子どもになってほしいと願っているようです。

また、通わせている保護者の気持ちを述べてもらったところでは、「自分の子どもが幼少期のうちに運動ができたり、九九ができたり、絶対音感を身につけることができるのならば、身につけさせたいと考える親は多いと思った」「この園は非常に教育的であると思う。運動能力を高めるために走らせたり、絶対音感を育てるために小さいうちから音楽に触れさせていたり、逆立ちをさせたりと他では考えられないようなことを多く行っていた。そのような教育的なところが保護者の方から好評であるのではないかと考えた」「目に見えて子どもの成長がわかり、子どもの技能を他の保育所よりも格段に高めてくれるため、学歴社会の傾向が強い日本では保護者に評判が良いのだと思った」といった意見が並びます。つまり、この学生たちは、この園が考えているような「運動」「読み書き」「計算」といった目に見える力を「能力」として効率よく身につけること、そして、そのような「能力」を身につけさせること、「できる」ようにさせることが「教育」であり、保護者もそれを望んでおり、評価していると考えていることがわかります。

さらに「遊び」については、「午後は自由に遊べるのだから良いと思う」「プログラムは午前中だけで、午後は遊んでいる」と、遊びという時間が保障されていることが言及されていました。ここからは、午前中のプログラムは「遊び」ではない、と考え、学生たちが「勉強」と「遊び」を分けて捉えていることが感じとれます。また、「遊び」はその内容がどのようなものであるかを、あまり問うていないこともわかります。

この早期教育の保育場面に肯定的な学生たちの捉え方は、（この本の読者には）極端に思われるかもしれません。けれども、教育心理学の授業の最初に、「教える」とは何かを自分たちの言葉で定義してもらうと、「自分の技能や知識を相手に伝えること」「教える側が望む状態に相手を誘導すること」「〝知らないこと〟や〝できないこと〟を、〝知っている〟や〝できる〟に変化させる。そのための知識を与えること」と、知識や技能を伝え、「できる」ようにするという、能力育成を前提とした「伝達モデル」が大半になります。学生自身が、体験してきた教育の営みは、おもしろい、知りたいから自然に学んでしまっていたものではまったくなく、「学ばねばならない」ものであることを感じます。

「能力」の呪縛

このように、学生たちの声からは、保育や子どもを見る時に「能力」、つまり何かが「できる」というものの見方に縛られていることが見てとれます。学生はなぜこんなにも「能力」に呪縛されてしまっているのでしょうか。

そもそも「遊ぶ」と「学ぶ」は、学生たちが捉えているような別々のものではありません。佐伯は、「遊ぶ」ということの意味について、次のように述べています。

人間本来の活動では「遊び」と「学び」が渾然一体となっていたはずのものが、学校教育によって「勉強」が導入されることで、遊びは「勉強」の対立語になってしまった。つまり「勉強」は「学び」から「遊び」を取り除くことで成立したのである（「勉強」＝「学び」－「遊び」）。

このような「学びから遊びを取り除く」ことに至らしめた真の原因は、学校制度の導入とともに生まれた「能力」というものである。*2

さらに、この文章に続けて、「勉強」とは、まさに、この「能力」なるモノを高めるための手段としての活動として位置づけられていること、さらには、「能力を測定する」と称するテスト（知能テスト）が発明されて以来、人々は「能力」なるモノが実体として存在すると思い込み始めたこと、学校はその「能力」を身につけさせるための訓練所であることが述べられます。そのような「能力」観は、矢野も述べているように、知的な能力に限らず、保育で育む「生きる力」「非認知能力」にも及びます。これらの能力が個人に備わるモノのようなものとして理解され、前提とされている以上、「遊び」と「学び」は切り離されてしまうのです。この本来は実体が存在しないはずの「能力」が、実体として存在すると思い込まれていることは、学生自身が自分が「できて」いるかを常に気にかけたり、先程の早期教育を行う保育を見た時、学生が「目に見える、わかりやすい形で子どもの学びや成長が示されている」と述べていたりすることに表れています。

「能力」に呪縛される理由

このように「能力」という存在しないものに、ものの見方が呪縛されてしまうのは、そもそも保育の現場、さらには養成校の授業で「能力」ということに意識が向いてしまう構造があるからです。

一つには、矢野が指摘しているように、保育の基盤である『幼稚園教育要領』において、「遊びを通しての総合的な指導が行われるよう」に明記され、遊びが指導と結びつけられていることがあげられます。遊びが指導するものとして位置づけられていることから、「『能力育成』を目標として、

『遊び』を手段として位置づけ、かつその育成に遊びが有益[*3]」であると意識せざるを得ないものとなっているのです。そもそも、遊びが子どもの能力育成の手段として位置づけられているならば、学生は、遊びのなかでどのような能力が育っているか、と見ることに縛られざるを得ません。

さらに、養成校での授業は、保育の場での子どもの姿を理解する基盤として、年齢ごとの「能力」の発達を描いています。たとえば「三歳になるとこんなことができるようになる」だから「こうかかわることが大切」「こういう環境構成がよい」という語りは、保育の授業に無数に表れます。「能力」を実体として話しているつもりはなくとも、このような語りは、結果的に能力に焦点化する語りになります。そして、養成校という場そのものに、学生自身がこのようなことを理解できているかを評価するシステムがある以上、学生は、子どもが「できる」ことを、自分が理解「できて」いるか、能力に縛られて見ていく世界に参加していかざるを得ません。学生が「能力」に呪縛されている世界にいることを考えるには、そもそも養成校での私自身の授業の語りが本当に関係的であるかどうかから猛省する必要があります。

このように「能力」に呪縛された世界から、どのように学生は「いいこと思いついた」を共にしていくことができるのでしょうか。教員もまた、「いいこと思いついた」をどのように語ることがで

＊2　佐伯胖「『遊ぶ』ということの意味」『「わかり方」の探究』小学館、二〇〇四年、二〇三頁。
＊3　本書第2章（一二三頁）参照。

きるのでしょうか。その手がかりが、子どもと保育に出会う実習にあります。

3　学生は実習で何と出合うのか

養成校では、学生たちが、本格的に保育の場で過ごし考えていく機会として、保育実習、教育実習があります。実習に臨む際、学生たちは非常に緊張し、「どう振る舞わねばならないか」という不安でいっぱいになっています。「能力」という見方に縛られているからこそ、未知の世界への緊張でいっぱいになるのでしょう。それを「こう振る舞ってみたら」と話していても、ますます緊張でいっぱいになるばかりです。そもそも、そのような構えでは「いいこと思いついた」には出合えません。佐伯が述べるように、「いいこと思いついた」における知のありようは、「天然知能」、すなわち「『想定していなかったこと』、『思ってもいなかったこと』が、『外側』（どこかわからないところ）から『やってくる』のを待っているという知の在り方」だからです。[*4]

では、子どもに出会い、かかわり、ふと子どものことを「どうなんだろう」と見ることはどのように「やってくる」のでしょうか。ここで紹介する出来事を語ってくれたのは、学部の四年生で、学生時代最後の実習での出来事でした。夏休みの間の実習で、私が園を訪問し、彼女と話し始めるとすぐに、今回の実習が、「とても楽しい！」「赤ちゃんの遊びが見える」と勢い込んで話し出しました。詳しく聞いてみると、今回の実習で、最初の二日間を〇歳児クラスで過ごしたところ「時間がゆっくり流れている」「赤ちゃんの遊びが見える！」と感動したというのです。彼女は、それまでの実習で、乳児クラスの子どもたちが主体的に遊ぶということは実感できずにいたそうです。ところが今回の実習で、赤ちゃんたちの「遊び」がとてもよく見えることに驚いて、その感じた遊びの「見えやすさ」について担任の先生に伺ってみたところ、「〇歳さんは、言葉がないぶん、丁寧に見られる時間がある」と教えていただいた、と語りました。さらには、「授業で子どもが遊びに主体的にかかわるということをたくさん聞いてきて、確かに幼児期はそうだと思っていたけれども、赤ちゃんについてはわかっていなかった。それが今回、すんなりそういうものだと感じた」とも話してくれました。

彼女の実習日誌から、そのことを感じたと思われる実習初日の出来事をご紹介しましょう。

午前中の遊びの時間、Mちゃんが近くでお手玉を触っていた。様子を見ているとMちゃんがお手玉を耳に当てる姿があった。〝実習生も耳に当ててみて〟と言うように「あっ」とお手玉をこちらに差し出した。電話の真似かなと思い「もしもし?」と言ってみたがMちゃんは〝違う〟というような素振りを見せた。Mちゃんは見本を見せるようにもう一回お手玉を耳に当ててみせた。Mちゃんはお手玉を当てる時に何も発声していなかった。実習生もMちゃんを真似て、静かにお手玉を当ててみた。すると何かな

＊4　本書第6章（一八四―一八五頁）参照。

かに入っているものがカサカサと音を立てていた。「Mちゃん、お手玉の音がするね」と言うとMちゃんはニコッと笑ってくれた。そして、また別のお手玉を渡してくれた。今度は中身のものが小さく、違った音のするものだった。

想定外に気づく

学生は、この場面でMちゃんがお手玉を電話にしているのかな、と思って振る舞ってみたところ、応じてもらえず、彼女がしていることは自分の思った電話のふりとは異なることに気づきます。彼女の想定したことではないことが起きていることに気づいたのです。そして、そのことに気づいた彼女は、じっとMちゃんの様子を見つめて、彼女が「何も言っていない」ことを発見します。そして、Mちゃんの真似をしてみたところ、お手玉から音がしていることを発見します。思わず、その発見をMちゃんに伝えると、Mちゃんが笑って受け止めてくれ、さらには「こっちも違う音がするのよ」とさらにおもしろいことへ誘ってくれています。子どもの世界が自分が考えていることとは違うと、想定外に気づいたということが、この豊かなやりとりのきっかけとなっています。

「どうなんだろう」とかかわる

ここでの学生の振る舞いは、Mちゃんの自分の想定外の世界に気づいたからこそ、こう遊ば「ねば」という思いでかかわるのではなく、「Mちゃんはどうなんだろう」「Mちゃんはどうしたいんだろう」と、Mちゃんのしようとしていることを思わず共に感じとろうとしています。この遊びが見える瞬間が「やってきた」のは、子どものことを「どうなんだろう」と、思わず子どもの視線の行方を見て、子どもに「なってみる」ことからでした。つまり「子どもの遊びが見えた」は、この思わず子どもを「どうなんだろう」と見る瞬間、降って湧いてきたように捉えられるのです。

このような「やってきた」出来事について、もう少し考えてみるために、彼女自身の振り返っている考察の記述を見てみましょう。

　Mちゃんとの一連のやり取りから、Mちゃんが最初から「音」に興味をもち、それを伝えようとしていていたことがわかった。お手玉というと、私は、感触であったり、重みや投げることを楽しむ認識があった。Mちゃんがお手玉の音に興味をもったのは落とした時にジャラッという音に気づいたからではないかと考えた。触ったり、投げたりだけでなく、音に気づいたMちゃんの感性は五感を意識した今までの体験や環境がつながっているのだと感じた。明日もMちゃんや他児の感覚を考察したい。

このように学生自身も赤ちゃんの感じる世界、赤ちゃんの感覚を通して見えてきたことを記していいます。この実習生の記述について、実習を指導してくださった園の先生も次のように書いてくださっていました。

子どもとモノのかかわりについて、とても具体的に考察ができていてこの時の学びの深さを感じます。

子どもと同じような視点で、何を楽しんでいるのか「どんなことに気がついたのか」保育者自身考えることはとても重要なことだと思います。また、同じ素材でMちゃんのように気づく子もいれば、触って楽しむ子もおり、多種多様であることを理解していることもとても大切だと思います。そのようなことを踏まえて、子どもの姿を想像し、考察し、保育者同士の対話を通して環境構成をするように心がけています。〇歳児の子どもとモノのかかわりだけでなく異年齢児のモノとのかかわりなども注目して見るとおもしろいかもしれません。ぜひ見てみてください。

子どもの感じる世界

実習生が、赤ちゃんの感覚を通して、見ようとしている時、その園での保育者もまた、子どもたち一人ひとりがどんなことを感じているのだろうと日々考えている保育であることが記述から窺えます。つまり「どうなんだろう」と子どもが感じる世界を見ることが、この保育のなかでは大切にされています。この翌日、実習生は次のような出来事を記しています。

アサガオをジップロック®に入れて、水を注ぐというプロセスを、子どもの目の前で保育者が見せた。そのプロセスを見ただけで、子どもの興味・関心の芽がいくつにも分かれた。Rちゃんは保育者の手の動きを見てジップロック®を開け閉め。Sくんはジップロック®のなかに何かを入れること。そんななか、ジップロック®に水を注ぐ容器のほうを指差すHくんの姿もあった。その指差しに応えて、保育者は、「水をもっと入れる?」と、Hくんの目の前で容器に水を足した。しかしHくんは少しすると、さらに水の容器を指差す。そこで保育者は、容器の水が空になるまでジップロック®のほうに入れた。そして「もうお水全部ないよ？」というと、Ｈくんの目線はその空になったほうの容器に向いていた。そこで保育者が、容器をＨくんに渡すと、いつも遊んでいるお弁当のフタをその上に置いた。そこで、水を注いでいた容器のフタを渡すと、お弁当のフタに重ねていた。

モノとの対話

この日のことを振り返ってもらうと、台風のような大雨で濡れた朝顔を保育者が摘んできてテーブルに置いたところから始まったとのことでした。そのテーブルに置いた朝顔を触ったり匂いをかいだりしている子どもがいたなかで、保育者は、小さい子どもがじっくり触れることができるよう、色水にでもしてみようかと提案するように、ジップロック®に朝顔を入れて水を入れようとした場面だったそうです。けれども、そこで保育者が意図したと思われる色水をつくろうとすることよりも、その場に登場したジップロック®を開け閉めしたり、ジップロック®にモノを入れることを楽しみ始めた子どもがいたり、ジップロック®に水を入れるための容器のほうに関心をもった子どもがおり、そのそれぞれの子どもが関心あることをじっくり探求していることが印象的で日誌のエピソードに記述したとのことでした。この場面からは、まず子どもが出合うモノとじっくりかかわり、モノとの対話が生まれてきていることが見えてきます。

保育者も問いかけるモノとの対話

この場面で、朝顔と出合うなかで、保育者は、色水をつくろうとする提案をしています。子どもたちは、その保育者の提案をめぐって登場したジップロック®や容器に注目しました。すると、保育者は大人の考えている提案、もしかしたら計画としての「色水遊び」に無理に誘うのではなく、子どもがジップロック®や容器に関心をもっていること自体を大切にしています。この子ども自身が何をしようとしているかを示す視線や行為に応え、そのような時間を大切にしていることが、この学生が言った「時間がゆっくり流れている」「赤ちゃんの遊びが見える！」という声につながるのだと思います。「見える」からこそ、さらに赤ちゃんが何をしようとしているのか、どうなんだろうと、丁寧に見ること、聴き入ることが生じ、「おもしろさ」を発見し、共に「おもしろさ」にかかわり味わうことにつながったのでしょう。ここでの時間のありようが、「やってくる」ことを待っている構えにつながっていると捉えられます。

可能性に備える

この学生が、このように想定外の出来事にどうなんだろうとかかわり「やってきた」に出合ったのには、この園の保育者もまた、赤ちゃんがどうしたいかに注目しながらかかわっていることが基盤となっていたことがあります。保育者は「色水遊びをしない？」と提案するのですが、その提案は「さぁ、色水遊びをしましょう！」と一つの活動に子どもを導くことではありません。提案はするものの、その提案に対して生じてくる子どもそれぞれの関心に即興的に丁寧に応じています。この保育者があらかじめの計画に縛られたかかわりをしていないことは、この○歳児クラスの環境にも見ることができます。最近キラキラしたものが好きな子どものためにこんなモノを用意してみました、音に関心をもっている子のためにこんなモノを用意してみました、といったように、子どもの興味・関心から、こんなものもおもしろいかな、と誘うかのようにさまざまな素材を用意し、子ども自身が自由に手にとれる状態になっており、子ども自身がどうしたいんだろうということに注目しながら提案するかのような環境がつくられていました。「いいこと思いついた」が「やってくる」ことがあるのは、このような可能性に備えるようなかかわり合いのなかで成り立つことが見えてきます。

4　「どうなんだろう」を共に語り合う

このように見てくると、実習生が「いいこと思いついた」に出合うには、保育者も「能力」の呪縛から解き放たれ、子どものことを「どうなんだろう」と見ている保育のなかで生じることであると言えそうです。そのような保育現場での「いいこと思いついた」に出合える実習を考えてみるために、もう一人、保育実習において、「遊び」ということを見ることについて大きな変化を実感した学生の話を聞いてみましょう。彼女は、実習前、無意識のうちに「子どもはなんでも大人の存在が必要、精神的にも身体的にも危ないところはすぐに大人が入って助けてあげなければならない」と思ってしまっていたと言います。けれども、この実習で、「子どもという存在がもっている力」を実感し、保育者が子どもに一方向的に教えるのではなく、子どもと共に考えていくことが重要であると考えるようになったと言うのです。この子ども観、保育観の変容がどのように生じたのか、彼女に詳しい話を聞いてみました。

「どうなんだろう」への注目の始まり

話を聞いてみると、実習の初日に、保育者と午前中の保育の振り返りを話していた時に気づきがあったというのです。実習生は、この園では「（保育者のことを）先生って呼んでくれなくて残念」と思い、担任の保育者に話したところ、逆に「先生と呼ばれ、どんな保育をすることを想像していたのか」と尋ねられ「塾や学校の先生のように教える」ことを考えていたことに気づきました。そして、担任の保育者からは、午前中、子どもから抱っこを求められて抱っこをしてあげたり、探究して集中している子に声をかけたり、工作に取り組んでいる子に新しい提案をしたりと、積極的に子どもにかかわっていることを彼女のよさとして認めてもらったそうです。けれども、それと同時に、大人の考えだけではなく、子ども一人ひとりのもっている力が輝いていけるように、子どもの姿から、「子どもはなぜそうしているんだろう」「本当はどうしてほしいんだろう」ということを大事にし、大人ではなく子どもを軸にしていくと子どもが本当にやりたいことが少しずつ見えてくるのではないかということが伝えられました。その時、彼女は、この園での保育の考え方にハッとしたと言います。そして、その気づきから、だんだん「私がこうしてあげなくちゃいけない」という思いより、この子はどうしたいんだろうと考え、子どもと隣に立って歩く仲間という意識が生まれ、最終日までにじわじわ変わってきた感じだったと言います。

実は、彼女の実習日誌を見せてもらうと、彼女の具体的な子どもの姿の記述に子どもがどうしたいんだろうということ、子どもの思いが語られ始めるのは、実習後半になってからでしたので、実習初日にハッとした、という言葉は非常に意外でした。「この子はどうしたいんだろうと考え、子どもと隣に立って歩く仲間という意識が生まれてきた」とも語っているので、「どうなんだろう」と見ることに気づいてから、そのことを表せるようになるまでは、時間がかかるのかもしれませんし、その間に起きていたことをもう少し考えてみたいと思います。

子どもの姿を共に考える対話

この園では、彼女が気づいたと言っていた初日だけではなく、毎日、振り返りで、「子どもの姿から」、実習生と一緒に考えてくださっていました。その振り返りは、いわゆる反省会ではなく、子どもたちの具体的な姿から一緒に考えていくものでした。たとえば、実習生に抱っこを求めていた子どもたちは、実は、彼女が実習に来る前は、新人の担任に抱っこを求め続けていたのでした。そのことも保育者は、率直に実習生に話しながら、抱っこを求めてくる子ども一人ひとりの思いを一緒に考えてくださいました。また、この時に話をしながらウェブと呼んでいる形で、話していることのキーワードを記録し、視覚化もしてくださっていました。このような、正しい答えはなく、子どもがどうしたいのかという視点で、共に考えていく対話が日々行われていたことが、彼女の視点が「大人がどうすればよいか」ではなく、「子どもがどうしたいのか」に移っていくことを支えていたと捉えられます。

子どもがどう感じているかの世界への誘い

この実習生と共に考えてくださる保育者の姿勢は、実習日誌の記述にも見られました。たとえば、実習生が次のように書いていた場面がありました（実際には写真も使わせていただいていた記録ですが、今回は、文章だけで紹介します）。

　Ｉくんとヽちゃんは、虫取りをやめてピクニックごっこを始めました。園庭に置いてあるお皿やシートなどの玩具を使って、土や日差し、木漏れ日を味わっています。保育室内でもたびたびごっこ遊びを展開している二人ですが、環境に合わせて遊びを閃いているようです。

このまだ少し子どもから距離をおいて客観的に見ているような、子どもたちがしていることが中心に描かれた三人称的な記述に対し、先生は次のように記述してくださっていました。

Ｉくん、Ｎちゃんは、ピクニックごっこでどんなやりとりをしながら遊んでいたのでしょうね。私が二人の会話を側でこっそり聞いていると、「シートはちょっとはなすと道路（すき間？）ができるから隣同士のお家になるんじゃない？」「いいね！　じゃあ（お互い）ごはんつくってお出かけしよう！」と話していました（笑）。二人のお話はその後も続いていました。（…中略…）色々なイメージをふくらませて遊んだり、作戦を考えたり……、大人が思いもしないアイデアが浮かんで、子どもたちって本当にスゴイなぁと感じます。

素晴らしいコメントだと、これを読んだ私自身が感じ入りました。実習生の記録した場面について、保育者自身が、耳にした子どもたちの会話を実習生に伝え、子どもたちのアイデアの豊かさを味わう世界へ誘っているものとして捉えることができると思います。

「わからなさ」を語り合う

実習生が、子どもの「いいこと思いついた」の世界に気づき始めたのは、保育者と「この子はどう感じているんだろう」と語り合う対話がきっかけでした。この時、子どものおもしろいと感じていることを、感じつつ語り合うことはもちろんですが、実習生も、そして、保育者も、自分が難しい、わからないと思っていることを、語り合っていることが特徴的でした。この対話には、正しい答えを指導したり、一つの正解を探すのではないことが窺えます。「ちょっと気になることあるよね」と、「あれはどうなんだろう」と語り合っていることが、「やってくる」ことを共に「待つ」ことを可能にしていると捉えられます。つまり、おもしろいことやってるね、に気づく前に、まずは、目の前でこういうことが生まれてることを丁寧に語り、「わからなさ」を大事にしながら、共有していくことの大切さが見えてきました。

5 「いいこと思いついた」に出合う

学生が実習で出合えた「いいこと思いついた」は、自分とは異なる想定外の子どもの感じている世界に気づくことから始まっていました。この想定外の子どもが感じている世界に気づき始めると、「どうなんだろう」と子どもの目線、感じる世界を共に見ようとしながらかかわることが生じてきています。また、この子どもの感じる世界は、子どものモノとの対話から見えてくることが多いのですが、このモノとの対話は、保育者も問いかけ、可能性に備えるようなかかわりのなかで豊かに続いているからこそ、学生も共に入っていくことができる世界であることも見えてきました。また、保育者は、実習生が、子どもがどう感じているかの世界へ誘っていますが、それは正しい答えへと導く誘いではなく、子どもの姿を共に考え「わからなさ」をも語り合うというものでした。

このように見てくると、学生が「いいこと思いついた」に出合うには、その保育、そこでの保育者もまた、可能性をさまざまに考え、想定外を受け入れ、わからなさを大切にしている様子が見えてきます。「いいこと思いついた」に出合うには、その可能性をさまざまに考えながら、子どもと共に、「やってくる」のを「待つ」こと、そして、その「やってくる」までの「わからない」時間を共に待つことが必要であることが見えてきました。

能力形成の視点で見てしまうクセ、能力の呪縛があると、このような「やってくる」までの時間、「わからない」時間が、無駄な時間に捉えられてしまいます。それゆえ、子どもがおもしろいことをしていても、何をやっているかわからない無駄なことと見過ごされます。また、能力の呪縛があると、子どもが何かやり出した、と捉えることができる時は、何かしらの「能力」が育成されると結びつけられている時のみになります。「遊びが学び」と強調されているゆえに、遊びが何かしらの「能力」の育成としてのみ、見てとられるのです。このように能力に縛られているものの見方では、わからないことが「やってくる」ことを「待つ」ことができず、意味が後から見えてくることが生じ得なくなっているのです。

目の前の子どもの「いいこと思いついた」と出合うには、子どもが「どうなんだろう」という思いで、意味の「わからない」時間をじっくり共にしていくことが必要です。また、この意味の「わからない」時間をじっくり共にしていくことを支えていたのは、こんなことがおもしろいかな、とさまざまにその場に提案を出すようなかかわり、そして、おもしろいことはもちろん、自分が難しい、わからないと思っていることも含めて語り合うこと、正しい答えを指導したり、一つの正解を探すのではない対話のある関係でした。こうして「いいこと思いついた」が「やってくる」のを共に「待つ」時間が、能力の呪縛から逃れる道なのです。

本章では、学生が養成校において保育について学んでいく時に、「能力」というものの捉え方に縛られざるを得ず、「遊び」を「いいこと思いついた」という言葉に象徴できるものとして見ることそのものが難しいというところから考え始めました。けれども、実習という保育の現場で、「どうなんだろう」という思いで子どもと遊びを共にした瞬間と出合い、「どうなんだろう」という思いで現場の保育者と意味の「わからない」時間をもじっくり共に語り合い探求しながら「いいこと思いついた」が「やってくる」ことを待つことができた時、その呪縛から解き放たれる可能性を見出すことができました。

この「いいこと思いついた」が「やってくること」を共に待つことが、能力の呪縛を解き放つ可能性については、今後、養成校での授業も、「周囲の状況と関係しながら存在する主体」が出会う場として、本当の意味で関係的なものとして編み直していくことを考えていきたいと思います。遊びは指導する、指導できるものではなく、「関係の網目に身を置き、外界に開かれ、時間の推移とともに変化を遂げていく主体のありようこそが、遊ぶ子どもたちの姿[*5]」であることを軸に、学生と、学生が参加する現場の保育者と、養成校の教員とが、共に主体である形を探求していきたいと思います。

＊5　本書第4章（一一九頁）参照。

第8章 「森のようちえん」実践における「いいこと思いついた」を考える

関山隆一

1 子どもの「いいこと思いついた」のさまざま

筆者は横浜の自然環境をフィールドとした「森のようちえん」と呼ばれる実践を行っており、この章ではその実践における「いいこと思いついた」と思わず子どもが言ってしまうようなさまざまなエピソードを紹介していきます。それらのエピソードには、ここまでの章で解説されてきた通り、意志をもって行為することでなくとも、子どもの行為のなかには、周囲との関係性から、少しずつ何かが見え始め、ピーンと見えた瞬間に思わず「いいこと思いついた」ということがよくあります。それは人間との世界だけでなく、植物や生き物や海や棒などのさまざまな自然環境ともつながっていくことがあります。これからお伝えする「森のようちえん」における「いいこと思いつった」のエ

写真８－１　思わずテーブルの上に登り，寝てしまった子

ピソードを通して子どもの実践のおもしろさを味わっていただけたらうれしく思います。

「森のようちえん」とは、自然環境とつながることを大事にする保育実践であり、北欧が発祥と言われています。その後、世界各地に広がり、日本においても広がりつつあります。「ようちえん」がひらがな表記になっている点に関して、浜口（二〇一七）は、「日本ではまだ公的に認められたものはほとんどなく、多くが自主保育型のものなので、認可幼稚園とは区別して『森のようちえん』と書くことが多いようです[*1]」と述べています。

思わず、寝てしまった

二歳児のSちゃんが緑道で遊んでいた時、突如無言で、つかつかと野外用のテーブルに登り出し、テーブルの上に登ったと思ったら、その上で突然ゴロンと寝始めたのです。その姿を保育者がおもしろがり、思わず写真に収めたものが写真８－１です。

これは、自然公園で「遊んでいる」日常的な周辺状況のなかで、ふとSちゃんは、Sちゃん自身のなかから「いいこと」（テーブルの上で寝ころぶ）を思いつき、そして、その思いつきによって、Sちゃんが、その「いいこと」をやりたくなってしまい、結果、その「いいこと」をやってみた、ということです。さらに、Sちゃんは、テーブルの上で、寝始めており、この「寝ている」というのも自らの意志のもと寝るというのもおかしいですし、寝かせられているわけでもありません。矢野が「わたしという主語が『思いつく』という動作を開始するのではなく、わたしを『場』として、わたしの内側から『いいこと』が『思いつく』」[*2]と述べるように、まさにこのSちゃんの行為は、中動態的行為ではないでしょうか。

「はじめの計画」が次々と変更

園の五歳児は毎朝〝話し合いの時間〟というのがあり、輪になってどこに行って、どんなことをしたいということを話し合っています。ある日のこと、「今日はどこにいきたい？」と聞くと、Aくんが「桑の実ひろばでザリガニ釣りがしたい」と言いました。すると、今度はBくんが「今日は○○公園までいきたい」と言いました。他のみんなは、Aくんの意見に賛同する子が多数でした。でも

＊１　浜口順子「『森の幼稚園』という理想（その１）」『幼児の教育』第一一六巻第四号、二〇一七年、四〇頁。
＊２　本書第４章（九九頁）参照。

写真8－2　みちくさを楽しむ子どもたち

Bくんはどうしても○○公園に行きたくて譲りません。そのような話し合いが、一時間以上も続き、そのうちCくんと何人かの子たちが、「もう早くいこうぜ」と言い出しました。それでもBくんは半べそをかきながら「○○公園にいきたい」と言い続けました。すると、その思いをくんだAくんは「それなら今日は○○公園でいいけど、明日は絶対に桑の実ひろばね」と言ったのです。私は、そのAくんの優しさに触れることができ、そのことに感動しました。そして、ようやく園舎を出て、○○公園まで出かけるため、自然公園の入り口にさしかかると、AくんとBくんが、タンポポを発見し何か自分のなかでおもしろいものがイメージされたのか、「いいこと思いついた」とタンポポを摘み始めたのです。私は「あれっ？ ○○公園にいくんじゃなかったの」と一瞬思いましたが、そのまま見守っていました。その後なんとなく、頃合いを図って「じゃあ、みんないくよ」と伝え、歩き始めると、今度はその場から目と鼻の先ほどの距離にある桑の実を見つけ、美味しそうに見えたのか、「いいこと思いついた」と桑の実を食べ出しました。私は「あれっ、さっきまでの話し合いはなんだったんだろう」と一瞬思いましたが、そのまま子どもたちと桑の実を食べました。Ａくんは Ｂくんの口の周りが桑の実色に染まっているのを見て笑っていました。そこで私はこの想定外な出来事を受け入れ、その日は○○公園には行かずに、その場を子どもたちと楽しみました。このように子どもの「いいこと思いついた」ということが想定外に起こり、周囲の環境にピーンと来た時に「いいこと思いついた」ということが子どものなかから湧いてくるようです。それもまた子どもの想定外のおもしろさだなと感じています。ここで興味深いことは、「いいこと思いつく」の「いいこと」がそれぞれ違っていても、ことさら「対話」や「交渉」を経ないで、何となく「折り合い」をつけて、行動を共にするということ、さらに、そのようにして行動を共にしても、それぞれが別々に「いいこと」を思いつくという個別性が保たれることです。

「棒」は何にでもなる

子どもたちは、自然のなかにいるとよく棒を持ちます。幼児は棒を拾うと、剣にしてチャンバラを始めたり、仲間と一緒に棒を集めて基地や家をつくったりします。○歳児も目の前に小さな木があれば思わずそれを拾い、握りながらその感触を味わったり、口に入れてかじってみたりします。一歳の子でさえも、周囲環境のなかから「いいこと思いついた」ということがあるのには驚きです。このようなことは人それぞれですが、なぜか棒を持ちたがります。坂に登る時や、せせらぎのなかで

写真8－3 棒を見つけ出し，運んでいる子

生き物を探している時でさえも「棒だけは離さない！」という子さえいます。

ある日のこと、Dくんが「あっ、いいこと思いついた」と、大きな棒をずるずると引きずって原っぱまで持ってきました。それを持ってきて何をするのか興味深く見ていると、「おもしろそうだなぁ」と思って近づいてきたEくんに「電車のる？」と聞いたのです。そばにあった棒を見つけた時、最初は自身のなかでも見えていなかったものが、段々見えてきて、それが電車に見えてきた瞬間に「いいこと思いついた」となったのでしょう。私は「なるほど電車なのね」と少し興味深い気持ちになり、その先どうなるのか、楽しみで仕方がありませんでした。そして、今度はそれを見ていたEくんはうれしそうな表情で、「いいこと思いついた」と、棒をまたいでいる状態のDくんの後ろに乗り（またがり）ました。さらに今度はFくんのところに近づき、同じように「電車のる？」と誘い、FくんもEくんの後ろに乗り込みました。その光景を見ておもしろそうなことをしていると思ったGくんとHちゃんも「いいこと思いついた」と、電車に向かって「乗せて」と走っていきました。私は、「いいこと思いついた」とDくんが拾ってきた棒から、ここまで遊びが広がるとは想定していませんでした。もしかしたら、大きな棒を引きずり始めたDくんも、はじめから「電車」を思いついたわけではなく、「何となくおもしろそうだ」と思って引きずっているうちに「電車」のように思えて、近づいてきたEくんに「電車のる?」と声かけしたのかもしれません。このように、子どもの創造の世界は、「何かおもしろそうだな」と思うことからはじまり、それがだんだんと見えてきて、その後はっきりと見えてきた瞬間に「いいこと思いついた」とそのものに引き込まれていくような感じがします。

「森のようちえん」では、毎日行く場所も違うし、自然環境では常に同じ所に棒が落ちているわけでもありません。偶発的な出合いのなかから、想定外にこの事例のようなことが起こります。この場合、まず周辺環境のなかの特定のモノや場所に、「何かおもしろそうだ」と引き込まれるということが起こり、そのあと何か周囲環境との関係がつながり出し、見えなかったものが少しずつ見えてきて、おのずから湧き上がった結果、「いいこと思いついた」となるのではないかと思います。

水や泥が子どもを巻き込む

「森のようちえん」の実践では、雨の日に外で遊ぶことが多くあります。なかには、雨の日を「やったー」と喜ぶ子もいたりします。それは雨の日にしかない光景が思い浮かぶのだという証かと思い

写真８－４　水たまりがうれしくて仕方がない子どもたち

ます。

　ある雨の日、Ｉくんは、水たまりを見つけるやいなや、水たまりに引き寄せられ、ゆっくりと水たまりに座り出し、お尻に水が浸みてくる冷たさを感じていました。すると今度は長くつを脱ぎ出し、それをバケツにして「じゃー」とすくっては流し始めました。その横にいたＪちゃんは、横にいるＩくんがバケツで泥水を流していることがおもしろく見えてきて、「いいこと思いついた」と、「私もやる」と言って長くつを脱ぎ「じゃー」とバケツ替わりにして、何度もすくっては流したりして、雨という自然環境を味わっていました。すると今度は、Ｋくんが、水たまりのうえで跳ね出し、バシャバシャと水しぶきが上がるのが楽しくてたまらなくなります。それを見ていたＩくんとＪちゃんは、これまたＫくんがやっていることがおもしろく見えてきて「いいこと思いついた」とバシャバシャと水しぶきが上がるのを楽しんでいました。子どもたちは、なぜか水たまりがあると、水たまりに引き寄せられ、そのなかで遊び出します。水たまりの魅力ってすごいですね。このように「水たまり」も、さきのＤくんの「棒」のように、はじめはまだ「いいこと」が見つからなくても、「何かおもしろそうだ」と引き込まれて、そこでどんどん新しい「いいこと」が思いつかれていくのではないでしょうか。

海が人を呼び込む

私たちの園では、普段の日常的な自然環境で味わえない非日常的な自然を感じるために、よく海の遠足に出かけます。海での活動は、子どもたちの記憶にも深く残る活動で、そのなかでもカヌー体験は、一番印象度の高い活動です。その証拠に、何度も子どもたちがその時のことを思い出し、「カヌー楽しかったね」と、海に行った数か月後でも「またカヌーにのろうね」と話してくれます。そのようなこともあって、私たちは夏に限らず一年中海に出かけ、海を全身で体感しています。

そもそもなぜ海にはそれほどまでに、子どもだけでなく人間を魅了するものがあるのか、わかりません。しかしながら、ここまで何百人の子どもたちと海で遊んできましたが、感覚的にも海には子どもたちを「何かおもしろそうだ」と巻き込む何かがあるのだと思います。昔の人が、「海に連れていかれるよ」と脅かしたりするように、すべていいことだけでもなく、ビッグウェーブを求めるサーファーが命を落としたりする理由も私の経験のなかではよくわかります。言語ではうまく表現できませんが、感覚的に太古より人間と海とがつながっている生得的なものを感じます。その太古

写真8－5　奇声をあげて喜ぶ瞬間

からの海とのつながりを感じる瞬間として、ほとんどの子たちが海を見た瞬間に奇声をあげて海に向かって走り出します。彼らの心の声を代弁するとしたら、

「わー、いいこと思いついた！」

って感じでしょうか。波に向かって、跳んだり、パンチしたり、波をかぶって大喜びしたり、興奮状態になります。ただ、子どもたちは海底の深さは知りませんので、どんどん前のめりに進んでいきます。どんどん深くなることを伝えてもお構いなしに進んでいく子もいます。そのうち引き波に足もとをすくわれたりして、波のパワーを全身で感じ、ビックリする子もいます。子どもたちの海での反応というのは感情のリミッターがあるとすれば、振り切れるほどの感覚です。それだけ海には魅力があるのだと思います。ここまでの行為はすべて無意識のなかでの自然的な表れとしか言いようがありません。自然に

内からあふれ出るものを全身で感じているように思えます。

では、海という魅力的な環境に触発され、「いいこと思いついた」が感染していった事例を紹介します。ある春の海。いつものように波打ち際で遊び込み、その後波遊びに満足した子たちは、波打ち際から少し離れ、数名の女子たちが何か周囲環境を見回し始めました。すると、「あっ、いいこと思いついた」と周囲に貝殻や漂着物が落ちていることに気づきビーチコーミング（漂着物拾い）をし始めました。さらに、その横にいたLくんは、その場に座り出して、なんとなく砂に穴を掘り出しました。水際で遊んでいた二人の男の子がLくんの穴掘りがおもしろく見えてきて「あっ、いいこと思いついた」と思い、「僕も仲間にいれて」と言って、三人でお城らしきものをつくり始めました。するとビーチコーミングをしていた女の子も「あっ、いいこと思いついた」と砂のお城づくりに参加しました。さらにその様子が楽しそうだなって思った子たちが一人、また一人と増えていきました。すると今度はLくんが、お城づくりから、「あっ、いいこと思いついた」と砂浜に絵を描き出したのです。するとお城づくりをしていた何人かがおもしろそうなことをしていることに気づき出し、「あっ、いいこと思いついた」と砂浜に絵を描き始めます。「あっ、いいこと思いついた」と次々に遊びが移行していったのです。「あっ、いいこと思いついた」というのは、海や砂浜や貝殻だけでなく、〝Lくんのしていること〟も含めた情報が段々に見えてきて、その情報をピックアップしていくような感じがしました。さらに、それを見ていた私は、子どもたちが「今からこれをやるぞ」として、何かを行うのではなく、ふと横を見ると、いつの間にか横にいる子の行為やモノに自然に引き

写真８－６　縁石に登り，ぴょんっと向こう岸へ跳んでみる

込まれていくことに関心をもちました。その後、子どもたちが意志をもって動いているのではなく、周囲環境である海に巻き込まれていくような感覚を味わい、さらに子どもたちが海になっていくような、もしくは海に溶けていくような感覚を味わいました。

縁石やせせらぎが誘発する

子どもたちは緑道で遊んでいる時に、造園屋さんに設置いただいた縁石に登り、そこから跳び降りることがよくあります。木々やせせらぎや野花などのさまざまな環境のなかから、縁石が見えてきて、「ジャンプしたらおもしろそうだなぁ」とイメージされると「ピーン、いいこと思いついた」と縁石をピックアップし、縁石に引き込まれていきます。縁石を見れば登りたいですし、登ったら跳び降りたくなりますし、せせらぎの対岸を見つめれば、跳び越えたくなります。ですが、そのまま〝ズボッ〟とせせらぎに落ちる子もいます。この「いいこと思いついた」と、さっと縁石に登り、パッと縁石から跳び降りるという行為は、私たちが何も考えずに、ドアノブを握り、ドアを開けるかのごとく、自然に子どもを解き放つと、ごくごく自然な行為に感じられます。

坂登りと気づかい

自然公園には、写真８－７のような坂がたくさんあります。わずか一歳数か月の子であっても坂に向かって歩き出し、坂を登ろうとします。そして、「いいこと思いついた」と、周辺の状況がだんだんと見えてきて坂にひかれ、巻き込まれていくような場面を見てきました。なぜ山に登るか、「そこに山があるから」と言わんばかりに小さな子たちは「いいこと思いついた」と坂に吸い寄せられていきます。

もう一つ、私たちが坂で遊んでいる子と一緒にいる際よく目にすることがあります。写真のエピソードは、入園間もない春の日の出来事です。左のＭくんは三歳児新入園の子で、右のＮくんは古参の園児です。Ｎくんは坂を軽々登れますが、Ｍくんは、いつもその姿を見ていて自分もやってみたいという思いがあったようで、この日急坂登りに挑戦したのです。登りは、Ｎくんが伴走しながらＭくんもやっとこ登れたのですが、登りきって下を見ると、降りることが怖くなり、Ｍくんは泣いてしまいました。それを見ていたＮくんは、「回り道で降りれば怖くないよ」と別の方法を教えてあげました。でも、Ｍくんは首を振って「降りたい」と言ったのです。降りたいけど、「降りれない

写真8－7　泣いている子に手を差し伸べる

よ～」と叫ぶMくんの姿を見て、Nくんは「助けてあげるよ。友達だもん」と言ったのです。そして、Mくんの手を握りながら、気づかってあげていました。さらに、写真8－7の中央にいるのは、五歳児のお兄ちゃんたちなのですが、その光景を下から見ていた五歳児の子たちもNくんへ少し遠くからまなざしをおくり、Mくんのことを「がんばれ！」と気づかっていました。わずか三歳の子どもが他者を自然に気づかうことのできる光景は、子どもの素晴らしさと同時に子どもが立派な人間であることを確信した瞬間でもありました。

このようなケースは、実践のなかで子どもたちを丁寧に見ていると、よく見られたりします。それは、わずか一歳児であっても、泣いているお友達に自然と「思わず〝いい子いい子〟」する場面が見られ、他者の気持ちに触れ、自然と他の子を気づかうということがあります。そして、この事例の場合も、自分の意志をもって手を差し伸べるという選択をしたわけではなく、その悲しい表情をしているMくんの顔を見て「思わず手を差し伸べた」という表現が正しいのではないかと思います。Nくんが、「思わず○○した」ことであれば、NくんがMくんに手を差し伸べるという行為は能動的ではなく、自身の内側から湧き出したものであるとすると、これも中動態的な行為ではないかと考えます。困っている人を見た時、「思わず助けたくなる」というような、自然に湧き起こる援助動作のことを、ノディングズ（Noddings, N.）は「自然的ケアリング（natural caring）」と呼び、その時の倫理的特性を「自然的倫理（natural ethics）」と呼んでいます。[*3] これは、「ケアリング」という行為が本来、中動態的行為だと言えるのではないでしょうか。そこで、次に、意志や責任などがなくても、小さな子どもたちが誰から道徳的に教わったことでもなく、自然に他者や植物や生き物を援助するケアリング論について触れ、「いいこと思いついた」を考えていきたいと思います。

2　「森のようちえん」における子どもの育ち
――「自然的ケアリング」論から

「専心没頭」と「いいこと思いついた」

ノディングズは、人が他者にケアする時、同時にケアされているとして、ケアという一方的な行為を指す言葉に換えて、ケアリングという相互的であり、受容的でもある言葉を使用しています。[*4] ノディングズはケアリングにおける「ケアする者」の姿勢として「専心没頭」と「動機の転移」の２

＊3　Noddings. N. (2010). *The maternal factor: Two paths to morality*. CA: University of California Press. p.45を参照。

写真8－8　よーく見てみると，つくしがあった

つが大切であるとしています。「専心没頭」とは、心を空にして、自分の人格を投げ入れ、対象の本当の訴えに耳を傾け、対象を受け入れることを指しています。すなわち、心を空にして、その人になってみると、本当にその人が訴えたいことが見えてくるということに置き換えられます。さらにこの対象というのは、人間のみに限らず、非人間、いわゆる植物や動物や人工物にも適用されるとしています。

もう一つの概念である「動機の転移」は、ケアする者がケアされる者の目的や課題を自らに引き受け、その後ケアの関係を継続していくうちに、いつの間にか相手の課題に自己のエネルギーを費やすようになっていくことを指しています。たとえば、自然的なケアリングでいえば、子どもが靴紐を結ぶのを見ながら、親が自分の指を思わず動かす場合、共感的に動機づけの転移が生じているとなります。

筆者は修士論文[*5]において、ノディングズの「専心没頭」に注目し、トマトを丁寧に見るという実験観察を行いました。その際に、「専心没頭」の姿勢にある「心を空にして」、トマトと対話をしながら、トマトが本当はどうなりたいかということを毎日記録していきました。すると、それまで見えなかったトマトの姿が、少しずつ見え出し、トマトが、「こちらの方向に行きたい」とか、「ここに支えがほしい」という訴えが見えてきたのです。この実験を通して、「心を空にして」本当にその対象になって見てみるということをすると、見えなかったものが少しずつ見えてくるのだというこ とがわかったのです。この実験を思い出しながら、この「心を空にする」ということを改めて考え、ここまでの事例に突き合わせてみると、、次のようなことが言えるのではないかと思います。見えなかったものが見えてくるというのは、ここまでの事例のなかで「いいこと思いついた」という前に、何となく「何かおもしろそうなものが見えてきた」という感覚があるのではと推察してきました。このことは「おもしろそうだな」と思う時に、子どもは、何か「余白」のような時間が生じているのではないかと思います。その「余白の時間」というものは、縁石の事例で言えば、縁石でジャンプ

＊4　ここで取り上げる、ノディングズのケアリング論（「専心没頭」や「動機の転移」等）については、以下の文献を参考に筆者が要約した。
Noddings, N. (1984). *Caring: A Feminine Approach to Ethics*. Harvard University Press（ネル・ノディングズ、立山善康ほか（訳）『ケアリング――倫理と道徳の教育　女性の観点から』晃洋書房、一九九七年、三〇－三一頁）および、Noddings. N. (1992). *The challenge to Care in School*. Teachers college press（ネル・ノディングズ、佐藤学（監訳）『学校におけるケアの挑戦――もう一つの教育を求めて』ゆみる出版、二〇〇七年、二三四－二四八頁）。

＊5　関山隆一『「丁寧なまなざし」に関する一考察――保育実践における新たな手がかりを求めて』（田園調布学園大学大学院　平成二九年度修士論文）二〇一七年。

することがおもしろいと感じる前から、プラプラしているような状態があり、その後なんとなく「ジャンプしたらおもしろそうだなぁ」と思ったら、ピーンとなり、「いいこと思いついた」となるのではないでしょうか。このプラプラしている状態というのは、何もしていないということでもあり、「余白」という言葉でイメージされます。

ここまでのことから、「専心没頭」と「いいこと思いついた」との共通点には、何かが、「見えたり」、「思いついたり」する前段階で、無意識的な「余白」というほんのわずかな時間があり、それはケアリング論でいうところの「心を空にする」ということであり、「いいこと思いついた」でいうところの「何かおもしろいことないかな」というプラプラな時間なのではないかと考えます。このると、「専心没頭」と「いいこと思いついた」の共通項に関して写真8－8のケースを使って言い表してみると、「専心没頭」の場合では、地表の世界に「心を空にして」没頭していく時間帯があり、その時間帯のなかで、それまで見えなかったものが見え始め、「あっこんなところにつくしがあった」と発見したとなります。「いいこと思いついた」の場合で言い表してみれば、「何かおもしろいことないかな」とプラプラしている時間というものがあり、つくしに焦点化され（巻き込まれ）、「いいこと思いついた」となります。この2つのケースを比較してみると、その共通項である何かいいことを思いついたり、おもしろいものが見えたりする前のほんのわずかな時間というものがあり、その前段階の「余白の時間」のなかで、無意識的に、「いいこと思いついた」ということにつながっているように思えます。すなわち、「いいこと思いついた」ということは、ゼロから勝手に湧き上がってきたものではなく、「余白の時間」のところから、すでに無意識的に行為ははじまっているのではないかと思うのです。私は、何かこの無意識のうちに行われている「余白の時間」が、「いいことを思いついた」を考えるにあたっての、大切な時間であり、重要なキーワードではないかと考えます。

「自然的ケアリング」と「いいこと思いついた」

ノディングズは、身近なケアの関係が醸成されたコミュニティのなかで何かに困っている人を見た時に思わず助けたくなるような自然に湧き起こる援助のことを「自然的ケアリング」と呼び、この「自然的ケアリング」の経験から出発することが、人間が他者や世界に対して倫理的に生きることにとって重要な鍵になっていると述べています。[*6]

写真8－9の子は、あおむしとの自然的ケアリングの関係から、あおむしと対話し、あおむしの本当の訴えを聴こうとしているのではないかと思います。さらに言えば、あおむしが枝によじ登り必死に生きようとしている姿を自然にケアしているのではないかと思います。

この「自然的ケアリング」と「いいこと思いついた」に共通する事柄は、どちらも意志をもつこともなく、責任をもって行動したことでもなく、おのずから湧き上がってきたものであるということだと思います。さらに本書で矢野が述べてきたように、この二つの事象は、ゼロから急に発生し

＊6　Noddings. N. (2010). *The maternal factor: Two paths to morality*. CA: University of California Press. p.45を参照。

写真8－9　はじめて見る，あおむしとの世界

てくる自発的な行為でなく、「いいこと思いついた」とピーンとくる以前から、子どもたち同士の関係や、植物や生き物との関係があるということが大切なポイントであり、その周囲環境から、おのずから湧き上がってきたものが見えてくるものであると考えます。

ある子が泣いている子を見た瞬間に、「あっ」と思い、その泣いている子どもの表情を眺めているとします。この時に何かに集中しているというよりかは、俯瞰（専心）しながら相手を全身で受け止め、本当の訴えに耳を傾けようとしているような時間（瞬間）があって、その後にどう応えてあげることがよいかが見えてくるのだと思います。このような「時間」があって、自然に頭をなでなでする（自然的ケアリング）となるのではないでしょうか。このことが、「いいこと思いついた」のケースでいうところのプラプラとした無意識的な時間であり、ここで言う「余白の時間」であると考えます。

この「余白の時間」というのは、実践を行為だけで切り取って見るのか、関係的に見るかということで大きく観点が変わってくるということを意味し、このわずかな時間に関する解釈は重要な気がするのです。ただ、実践のなかで確かに言えることは、見えているもののなかでの解釈では不十分であり、見えないもののなかで、無意識的につながっていることがあることに注視してこそ、実践としての奥深さがあるのではないかと思うのです。

3　「森のようちえん」実践における「いいこと思いついた」と畏敬の念

ここまで本章では「森のようちえん」実践における「いいこと思いついた」を考えてきました。私なりにまとめると、「森のようちえん」における実践の対象は、人間だけでなく非人間、すなわち植物や生き物を含めるすべてのものが対象であるということ、そしてその関係性のなかで実践が行われているという認識が強くあります。逆に多くの実践は、人間中心主義的な考えに偏っており、それはなぜかというと、多くの実践は「自然」と「人間」ということを二項で考えていることが原因ではないか思います。一方、「森のようちえん」では、人間や自然を含むすべての関係性のなかで生きているということが、実践者のなかに埋め込まれていることに大きな違いがあると思います。そして、人間と非人間もすべてが自然であるという考えにあると思います。そして、意志をもったり、責任をもって行為することをせずとも、おのずから湧き起こるままに「いいことを思いついた」を連発することも自然だと考えます。また、ゼロからはじまる自発的な行為でもなくとも、子どもたちは、それ以前から周囲との関係性のなかにあります。その周囲との関係というのが、ここまでお伝えしてきた水たまりであり、棒であり、海であり、縁石であり友達の行為だったりします。その後、子どもたちは身近な周囲環境のなかで、「余白の時間」を介して、それまで見えなかったものが、少しずつ見えてきて、それが「おもしろそうだな」と想像したり、泣いている子の顔を見てその子の思いを汲みとろうとし、見えなかったものが見えてきて、つながった時に、子どもたちおのずから、自然にその子の頭をなでたり、「いいこと思いついた」と縁石に登ってジャンプしたりするのだと思います。

この意志をもたず自然に行うことにこそ、子どもの素晴らしさがあるのだと想います。さらに言えば、実践者が、何かを教えたり、良かれと思って子どものすることに足場架けをしてしまうことよりも、子どもたち同士がケアし、ケアされる関係や、植物や生き物とのケアし、ケアされる関係を、実践者が温かく見守り、ケアするということが[*7]「森のようちえん」の実践ではよく行われている気がします。しかし、これは「森のようちえん」に限られたものではなく、すべての子どもへの実践に対して大切な姿勢であると考えます。

この章では、「いいこと思いついた」と水たまりで遊ぶ子、棒を想像し、創造して遊ぶ子、縁石に登って跳び降りる子、海になっていく子、また生き物と対話し、自然に自然物をケアする子たちの事例を紹介しました。このような身近な自然環境やコミュニティのなかで自然に起こっている「いいこと思いついた」を大切なこととして目を向けることで、小さなコミュニティが、さらに外側の世界へと広がり、いつの日か畏敬の念を抱く子どもたちが増えていくことを願っています[*8]。子どもの「いいこと思いついた」を大切にしている「森のようちえん」の実践は、現代において希望であると信じ、これからもよりよい実践へと希求し続けていきたいと思います。

＊7　佐伯は、保育という営みを「子どもがケアする世界をケアすること」として、保育における「ケア」について考察している。詳しくは以下の文献を参照。
佐伯胖（編著）『子どもがケアする世界をケアする――保育における「二人称的アプローチ入門」』ミネルヴァ書房、二〇一七年。

＊8　佐伯はノディングズのケアリング論をベースに、「ケアリングの３次元モデル」として、「かかわること」「なってみること」「畏敬の念を抱くこと」の三つの次元から佐伯流のケアリング論を展開している。詳しくは以下の文献を参照。
子どもと保育総合研究所（編）『子どもを「人間としてみる」ということ――子どもとともにある保育の原点』ミネルヴァ書房、二〇一三年、一〇二－一二六頁。

《**執筆者紹介**》（執筆順，担当章）

佐伯　胖（さえき・ゆたか）はしがき，第Ⅰ部概要，第Ⅱ部概要，第6章
　編著者紹介参照。

矢野勇樹（やの・ゆうき）第1章，第2章，第3章，第4章
　現在：株式会社Playgreen造園従業員，NPO法人AIKURU　Free BASE（中高生の居場所）スタッフ。

久保健太（くぼ・けんた）第5章
　現在：大妻女子大学家政学部児童学科児童学専攻専任講師。
　主著：『対話でほぐす　対話でつくる　明日からの保育チームづくり』（共編著）フレーベル館，2020年。
　　『大田堯の生涯と教育の探求』（共著）東京大学出版会，2022年。

岩田恵子（いわた・けいこ）第7章
　現在：玉川大学教育学部乳幼児発達学科教授。
　主著：『「子どもがケアする世界」をケアする』（共著）ミネルヴァ書房，2017年。
　　『教えと学びを考える　学習・発達論』（編著）玉川大学出版部，2022年。

関山隆一（せきやま・りゅういち）第8章
　現在：NPO法人もあなキッズ自然楽校理事長，NPO法人森のようちえん全国ネットワーク連盟副理事長。

《編著者紹介》

佐伯　胖（さえき・ゆたか）

1939年生まれ。慶應義塾大学大学院工学研究科管理工学専攻修士課程修了後，米国ワシントン大学大学院心理学研究科で修士号（M. S.）及び博士号（Ph. D.）取得。帰国して東京理科大学理工学部助教授を経て，東京大学教育学部助教授，同大学教授，2000年に同大学を定年退官。その後，青山学院大学文学部教授，社会情報学部教授，2013年同大学を定年退職後，田園調布学園大学大学院人間学研究科子ども人間学専攻教授，2021年同大学を退職し，現在に至る。

現在：公益社団法人信濃教育会教育研究所所長・東京大学名誉教授・青山学院大学名誉教授。

主著：『幼児教育へのいざない［増補改訂版］』東京大学出版会，2014年。
　　『「子どもがケアする世界」をケアする』（編著）ミネルヴァ書房，2017年。
　　『子どもって、みごとな人間だ！』（共著）フレーベル館，2021年。

子どもの遊びを考える
――「いいこと思いついた！」から見えてくること

2023年　7月 20日　初版第1刷発行
2024年　9月 20日　初版第4刷発行

編著者　佐　伯　　胖

発行所　㈱北大路書房
〒603-8303　京都市北区紫野十二坊町12-8
電話代表　(075)431-0361
F A X　(075)431-9393
振替口座　01050-4-2083

Printed in Japan
ISBN978-4-7628-3229-1
装丁／こゆるぎデザイン
印刷・製本／（株）太洋社